Margit Rex

Lernwerkstatt Bauernhof

Margit Rex studierte Lehramt in Karlsruhe und ist seit vielen Jahren als Grundschullehrerin in Baden-Württemberg tätig.

Wir verwenden in unseren Werken eine genderneutrale Sprache, damit sich alle gleichermaßen angesprochen fühlen. Wenn keine neutrale Formulierung möglich ist, nennen wir die weibliche und die männliche Form. In Fällen, in denen wir aufgrund einer besseren Lesbarkeit nur ein Geschlecht nennen können, achten wir darauf, den unterschiedlichen Geschlechtsidentitäten gleichermaßen gerecht zu werden.

In diesem Werk sind nach dem MarkenG geschützte Marken und sonstige Kennzeichen für eine bessere Lesbarkeit nicht besonders kenntlich gemacht. Es kann also aus dem Fehlen eines entsprechenden Hinweises nicht geschlossen werden, dass es sich um einen freien Warennamen handelt.

2. Auflage 2026

AAP Lehrerwelt GmbH
Veritaskai 3
21079 Hamburg
Telefon: +49 (0) 40325083-040
E-Mail: info@lehrerwelt.de
Geschäftsführung: Andrea Fischer, Sandra Saghbazarian
USt-ID: DE 173 77 61 42
Register: AG Hamburg HRB/126335

Autorschaft:	Margit Rex
Covergestaltung:	TSA&B Werbeagentur GmbH, Hamburg
Illustrationen:	Barbara Gerth u. a. (siehe Bildverzeichnis Seite 95)
Satz:	Satzpunkt Ursula Ewert GmbH, Bayreuth
Druck und Bindung:	Esser printSolutions GmbH, Bretten

ISBN/Bestellnummer: 978-3-403-20029-1
www.persen.de

Inhalt

Englisch

Kunst

Musik

Ethik

Vorwort

Bauernhöfe sind sehr wichtig, denn sie liefern alles, was wir Menschen für unsere Ernährung brauchen. Dies sind nicht nur tierische Produkte wie Fleisch, Milch und Eier, sondern auch pflanzliche Erzeugnisse wie Getreide, Kartoffeln, Zucker, Obst und Gemüse. Das Thema Bauernhof bietet sich zum Kennenlernen und Vertiefen verschiedener Tiere und Nutzpflanzen an, beinhaltet aber auch geschichtliche Aspekte wie Bauernhöfe früher oder den Weg der Kartoffel auf die europäischen Tische. Fachübergreifend lassen sich für die Schülerinnen und Schüler interessante ethische Gesichtspunkte wie das Thema Tierhaltung und Massentiertransporte mit einbringen.

Die Arbeitsblätter dieses Bandes bieten Lehrkräften vielfältige Ansatzpunkte, die Thematik Bauernhof mit Schülerinnen und Schülern fachspezifisch oder fächerübergreifend zu erschließen. Die Aufgaben sind den Lernbereichen Deutsch, Mathematik, Sachunterricht, Englisch, Kunst, Musik und Ethik zugeordnet.

Das Buch bietet den Schülerinnen und Schülern die Möglichkeit, die Themen rund um den Bauernhof auf verschiedenen Klassen- und Niveaustufen zu bearbeiten, darüber hinaus werden Arbeitsweisen wie Recherchieren, Argumentieren und Diskutieren, Experimentieren und Präsentieren eingeübt und vertieft.

Hinweise zum Umgang mit den Materialien

Die Kopiervorlagen sind sowohl zur Einführung einzelner Themen als auch als zusätzliches Material zur Vertiefung und Festigung des Unterrichtsgegenstandes konzipiert. Darüber hinaus dienen sie der selbstständigen Weiterarbeit im Rahmen der Freiarbeit beziehungsweise eines Wochenplans in Einzel-, Partner- und Gruppenarbeit.

Die Kopiervorlagen können auf zweierlei Art und Weise eingesetzt werden:

- Es werden nur die Arbeitsblätter zu einem Themenbereich (Nutztiere, Nutzpflanzen ...) ausgelegt. Sind sie bearbeitet, wird das nächste Thema angeboten.
- Im Rahmen der Freiarbeit können auch alle Kopiervorlagen gleichzeitig ausgelegt werden. Dann entscheiden die Schülerinnen und Schüler nach eigenen Interessen, welche Arbeitsblätter sie bearbeiten möchten.

Einsatzmöglichkeiten nach Klassenstufen

Fach	Inhalt	Seite	1./2. Klasse	3. Klasse	4. Klasse	Lösung
	Wie viele gleiche Tiere findest du? Anzahl bestimmen	10	X	X	X	X
	Schau genau hin Unterschiede finden	11	X	X	X	X
Deutsch	**Was gibt es alles auf dem Bauernhof?** Wortteile zuordnen Nomen zusammensetzen	12	X			X
	Begriffe rund um den Bauernhof Oberbegriffe Begriffe finden und zuordnen	13	X	X		X
	Ein Ausflug auf den Schaubauernhof Texte lesen Textverständnis	14			X	X
	Zerlegte Landmaschinen Silben sinnvoll ordnen	16			X	X
	Ein Tier – viele Tiere Einzahl – Mehrzahl Wörter verändern sich	17	X			X
	Tierfamilien Begriffe zuordnen Namen finden	18		X	X	X
	Der stolze Hahn Farbwörter lesen und verstehen	19	X			
	Alle helfen mit Textverständnis	20		X		X
	Bauernhoftiere suchen Suchsel	23		X	X	X
	Im Kuhstall Wortarten erkennen	24	X			X
	Das neugierige, kleine Fohlen Reizwortgeschichte schreiben	25		X	X	
	Tiersprachen Verben verändern sich	27	X			X
	Das Gedicht von unserem Brot Gedichtteile ordnen Gedicht auswendig lernen	28		X	X	X
	So kann Brot sein Gegensätze finden Adjektive im Satz einfügen	29		X	X	X
	Rund um die Kartoffel Zusammengesetzte Nomen	30	X	X	X	X
	Was aus Milch gemacht wird Buchstabensalat	31	X			X
	Ohne Milch geht es nicht Milchprodukte nach dem ABC ordnen	32		X	X	X
	Frischkäse selbst herstellen Rezept: Text – Bild zuordnen	33		X	X	X

Fach	Inhalt	Seite	1./2. Klasse	3. Klasse	4. Klasse	Lösung
Mathematik	**Das symmetrische Bauernhaus** Spiegelbild zeichnen	35		X	X	
	Ausmalbild Zahlenraum bis 100	36	X			X
	Tag der offenen Tür Sachaufgaben Rechnen mit Geld	37	X			X
	Bauer Schmidts Tiere Säulendiagramme verstehen	38	X			X
	Ein Freigehege für die Gänse Sachaufgaben	39			X	X
	Viele Beine Mit Tabellen lösen	40			X	X
	Hennen brauchen Futter Sachaufgaben	41			X	X
	Wie viele Eier sind übrig? Sachaufgaben	42		X		X
	Wer bin ich? Einmaleins	43		X	X	X
Sachunterricht	**Bauernhöfe früher und heute** Einen Sachtext verstehen Unterschiede auflisten	44		X	X	X
	Ferien auf dem Bauernhof Freizeitmöglichkeiten Recherche	45		X	X	X
	Das Getreide Partner- bzw. Gruppenarbeit Recherche und Präsentation	46		X	X	
	Aufbau einer Getreidepflanze Teile der Pflanze beschriften	47		X	X	X
	Getreideanbau und Ernte früher Bilder und Texte zuordnen	48		X	X	X
	Getreideanbau und Ernte heute Geräte und Maschinen Texte in die richtige Reihenfolge bringen	50		X	X	X
	Das Getreidekorn unter der Lupe Aussehen untersuchen Aufgaben der Teile des Korns zuordnen	52		X	X	X
	Wir untersuchen Getreide Beobachtungsprotokoll Geschmacksversuch	53		X	X	
	Aus Korn wird Brot Bild-/Textfelder ordnen	54	X			X
	Mehl selbst herstellen Einen Versuch durchführen Körner zu Mehl mahlen	55		X	X	
	Leckeres Brot selbst gemacht Fladenbrot backen	56		X	X	
	Der Maiskolben Puzzle	57	X			
	Die List des Königs Geschichte	58		X	X	
	Wie die Kartoffelpflanze aufgebaut ist Teile der Pflanze beschriften	59		X	X	X

Fach	Inhalt	Seite	1./2. Klasse	3. Klasse	4. Klasse	Lösung
Sachunterricht	**Die Entwicklung der Kartoffelpflanze** Bild-/Textzuordnung	60		X	X	X
	Wie kommt der Zucker in die Rübe? Sachtext verstehen Teile der Pflanze beschriften	64		X	X	X
	Wie Zuckerrübensirup entsteht Versuch durchführen und beschreiben	62		X	X	
	Ganz schön viel Obst und Gemüse Recherche und Bewertung	63			X	X
	Hahn oder Henne? Sachtext verstehen Tiere beschriften	64		X	X	X
	Können Hühner fliegen? Sachtext verstehen Rätsel	65	X	X		X
	Eier – Eier – Eier Eiprodukte und Gerichte zuordnen	66	X	X	X	X
	Augen auf beim Eierkauf Den Eierstempel lesen lernen	67		X	X	
	Das Rind – ein Nutztier Was Rinder liefern Wichtige Begriffe im Text markieren	68		X	X	X
	Vom Kuhstall in den Kühlschrank Der Weg der Milch Begriffe zuordnen	69		X	X	X
	Schweine-Experte werden Beschriftung, Steckbrief, Recherche	70		X	X	X
	Kennst du dich mit Schafen aus? Rätsel zum Steckbrief	72		X	X	X
	Woher die Wolle kommt Reihenfolge aus einem Sachtext ablesen	73		X	X	X
	Gefräßige Ziegen Lückentext	74		X	X	X
Englisch	**Farmer Tom** Begriffe zuordnen, Lückentext	75		X	X	X
	Different farm animals Begriffe zuordnen	76	X			
	Farm animals and their babies (domino) Domino	77		X	X	X
Kunst	**Fantasiereise** Felderlandschaft von oben	78	X	X	X	
	Schafherde Bastelarbeit	79	X	X	X	
Musik	**Old Mac Donald had a farm** Endloslied, Tierstimmen	80	X	X	X	
	Der Hahn ist tot (Kanon) Lied in mehreren Sprachen	81		X	X	
Ethik	**Hühnerhaltung** Sachtexte zur Hühnerhaltung lesen, Sachverhalte bewerten	82		X	X	
	Auch Nutztiere haben Rechte Massentierhaltung, Lebend-Tiertransporte Bewerten, Diskussion, Plakate erstellen	83			X	

Thematische Einheiten fachübergreifend

Wie viele gleiche Tier findest du?
Schau genau hin

Bauernhof
Was gibt es alles auf dem Bauernhof? (Deutsch)
Begriffe rund um den Bauernhof (Deutsch)
Ein Ausflug auf den Schaubauernhof (Deutsch)
Zerlegte Landmaschinen (Deutsch)
Alle helfen mit (Deutsch)
Das symmetrische Bauernhaus (Mathematik)
Ausmalbild (Mathematik)
Tag der offenen Tür (Mathematik)
Bauernhöfe früher und heute (Sachunterricht)
Ferien auf dem Bauernhof (Sachunterricht)
Farmer Tom (Englisch)
Fantasiereise (Kunst)

Tiere
Ein Tier – viele Tiere (Deutsch)
Tierfamilien (Deutsch)
Der stolze Hahn (Deutsch)
Bauernhoftiere suchen (Deutsch)
Im Kuhstall (Deutsch)
Das neugierige, kleine Fohlen (Deutsch)
Tiersprachen (Deutsch)
Bauer Schmidts Tiere (Mathematik)
Ein Freigehege für Gänse (Mathematik)
Viele Beine (Mathematik)
Different farm animals (Englisch)
Farm animals and their babies (Englisch)
Old Mac Donald had a farm (Musik)
Der Hahn ist tot (Musik)

Nutzpflanzen

Getreide
Das Gedicht von unserem Brot (Deutsch)
So kann Brot sein (Deutsch)
Das Getreide (Sachunterricht)
Aufbau einer Getreidepflanze (Sachunterricht)
Getreideanbau und Ernte früher (Sachunterricht)
Getreideanbau und Ernte heute (Sachunterricht)
Das Getreidekorn unter der Lupe (Sachunterricht)
Wir untersuchen Getreide (Sachunterricht)
Mehl selbst herstellen (Sachunterricht)
Aus Korn wird Brot (Sachunterricht)
Leckeres Brot selbst gemacht (Sachunterricht)
Der Maiskolben (Sachunterricht)

Kartoffeln und Zuckerrüben
Rund um die Kartoffel (Deutsch)
Die List des Königs (Sachunterricht)
Wie die Kartoffelpflanze aufgebaut ist (Sachunterricht)
Die Entwicklung der Kartoffelpflanze (Sachunterricht)
Wie kommt der Zucker in die Rübe? (Sachunterricht)
Wie Zuckerrübensirup entsteht (Sachunterricht)

Obst und Gemüse
Ganz schön viel Obst und Gemüse (Sachunterricht)

Nutztiere

Hühner
Hennen brauchen Futter (Mathematik)
Wie viele Eier sind übrig? (Mathematik)
Hahn oder Henne? (Sachunterricht)
Können Hühner fliegen? (Sachunterricht)
Eier – Eier – Eier (Sachunterricht)
Augen auf beim Eierkauf (Sachunterricht)
Hühnerhaltung (Ethik)

Schweine
Wer bin ich? (Mathematik)
Schweine-Experte werden (Sachunterricht)
Auch Nutztiere haben Rechte (Ethik)

Rinder
Was aus Milch gemacht wird (Deutsch)
Ohne Milch geht es nicht (Deutsch)
Frischkäse selbst herstellen (Deutsch)
Das Rind – ein Nutztier (Sachunterricht)
Vom Kuhstall in den Kühlschrank (Sachunterricht)
Auch Nutztiere haben Rechte (Ethik)

Schafe und Ziegen
Kennst du dich mit Schafen aus? (Sachunterricht)
Woher die Wolle kommt (Sachunterricht)
Gefräßige Ziegen (Sachunterricht)
Schafherde (Kunst)

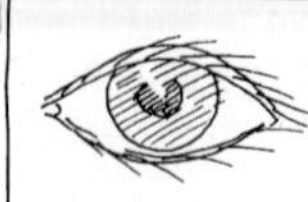

Wie viele gleiche Tiere findest du?

Auf einem Bauernhof leben viele Tiere.

Wie viele Gänse, Enten und Hühner findest du hier?

Ich habe _______ Gänse, _______ Enten und _______ Hühner gefunden.

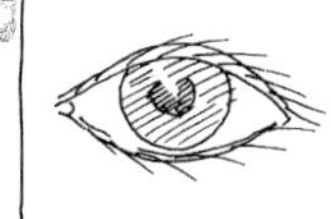

Schau genau hin

Im unteren Bild haben sich acht Fehler eingeschlichen. Finde die Unterschiede und kreise sie ein.

Was gibt es alles auf dem Bauernhof?

① **Hier verstecken sich sechs Begriffe. Setze die Teile zusammen.**

Schweine	Kanne	
Bauern	Haufen	
Milch	Haus	
Getreide	Stall	
Kuh	Feld	
Mist	Weide	

② **Erkläre die Nomen (Substantive). Nimm das Beispiel zu Hilfe.**

Ein Schweinestall ist ein Stall für Schweine.

Begriffe rund um den Bauernhof

① Hier sind die Begriffe zum Thema Bauernhof etwas durcheinandergeraten. Sortiere sie und schreibe sie in die richtigen Kästen.

② Fallen dir noch andere Tiere ein? Ergänze sie.

Gebäude

Fahrzeuge

Tiere

Geräte

Erzeugnisse

Personen

ESÜMEG ROTKART ENUEHCS ERRAKBUHCS
REUAB NLEFFOTRAK LLATS REHCSERDHÄM
OLISRETTUF ENNAKHCLIM EDIERTEG NIREUÄB
REDNIR REDNEWUEH HCSIELF SUAHNHOW
LEBAGTSIM

Ein Ausflug auf den Schaubauernhof (1)

① **Suche dir einen Partner. Lest den Text zusammen zweimal durch.**

Die Klasse 4 a behandelte im Unterricht das Thema „Bauernhof“. Nun unternahmen sie mit ihrer Lehrerin Frau Krause einen Ausflug zum Bauernhof der Familie Müller.

Dort angekommen, stürmten alle gleich los. Doch Frau Müller, die Bäuerin, hielt sie zurück. Sie erklärte: „Ihr dürft euch hier alles anschauen. Aber geht in kleinen Gruppen los. Rennt nicht und macht keinen Lärm, sonst erschreckt ihr unsere Tiere. In zwei Stunden treffen wir uns hier im Hof auf den Bänken. Dann könnt ihr Fragen stellen. Und nun wünsche ich euch viel Spaß.“

Die Gruppe um Helen ging zuerst in den Kuhstall, doch der war leer. Nur in einer Box stand eine Kuh und döste vor sich hin. Die Kinder sahen sich fragend an, bis Melli meinte: „Schaut euch mal ihren dicken Bauch an. Ich glaube, sie bekommt bald ein Kalb. Wir sollten sie nicht stören.“

Leise liefen die Kinder in das nächste Stallgebäude. „Hier stinkt es aber!“, rief Ronni und hielt sich die Nase zu. „Das ist ja auch ein Schweinestall. Schnitzel ist doch dein Leibgericht, oder?“, erklärte Melli. Ronni fragte: „Müssen die so stinken?“ Doch die Gruppe hörte ihm schon nicht mehr zu, weil sie in der hinteren Ecke des Stalles viele rosarote Ferkel entdeckt hatte. Mitten in der Box lag eine riesige Sau. Einige der Ferkel turnten auf ihr herum und stritten sich um die Zitzen. „Die sind aber süß, die möchte ich am liebsten mitnehmen!“, freute sich Sabrina. Ronni murrte: „Dann komme ich nicht mehr zu dir, weil es dort dann genau so stinkt!“

Eine andere Gruppe hatte das Gehege mit den Enten und Gänsen gefunden. Daneben befand sich der Hühnerstall. Die Hühner pickten eifrig im Gras herum und der Hahn zog gerade einen Regenwurm aus dem Boden.

Plötzlich sahen sie, wie der Hofhund aufgeregt bellend hinter dem Haus verschwand. Da kam auch schon Herr Müller angelaufen. Neugierig folgten die Kinder dem Bauern. Als sie um die Ecke bogen, sahen sie die Bescherung: Im Gemüsebeet schlugen sich sechs Ziegen die Bäuche mit Salat, Möhren, Kohlrabi, Kohl und Blumen voll. Daneben stand fassungslos die Bäuerin. „Mein schöner Gemüsegarten“, jammerte sie, „der ist total verwüstet!“ Mithilfe der Kinder bildeten Frau und Herr Müller eine Menschenkette und trieben die Tiere wieder in ihr Gehege. Der Bauer entdeckte im Zaun ein Loch, holte Draht und verschloss das Loch schnell wieder.

Ein Ausflug auf den Schaubauernhof (2)

Nach der Aufregung setzten sich alle auf die Bänke im Hof. Frau Müller sagte: „Ihr habt euch eine Belohnung verdient.“ Sabrina rief: „Ich hätte gerne ein Ferkel!“ „Nein“, schrie Ronni, „bloß nicht!“ Alle lachten laut los. „Ich weiß etwas“, verkündete die Bäuerin und verschwand im Haus. Kurze Zeit später kam sie mit einem riesigen Tablett heraus. Darauf standen viele Gläser mit frischer Kuhmilch. Die Kinder probierten und Hannes meinte: „Die schmeckt ja viel besser als die aus dem Supermarkt.“ Frau Müller schlug den Kindern vor, mit ihren Eltern ab und zu Frischmilch auf dem Hof zu holen.

Ein ereignisreicher Schulausflug ging zu Ende. Die Klassenlehrerin und die Kinder bedankten sich bei Familie Müller und machten sich auf den Heimweg.

② **Decke den Text zu und beantworte die Fragen ohne deinen Partner.**

a) Wieso stand im Kuhstall nur eine Kuh? Wo waren wohl die anderen?

___

___

___

b) Ronni hat ein Leibgericht. Welches?

___

c) Worum haben sich die Ferkel gestritten?

___

d) Wie wurden die Ziegen wieder in ihr Gehege getrieben?

___

___

e) Welche Belohnung bekamen die Schüler?

___

③ **Vergleiche deine Ergebnisse mit deinem Partner.**

Zerlegte Landmaschinen

Manchmal müssen auch Landmaschinen in die Werkstatt. Dort werden sie teilweise auseinandergebaut. Was für ein Durcheinander.

Setze die Teile wieder zusammen.

Schreibe die Wörter auf.

A- | Mäh- | -cker- | -ne | Ern- | Trak- | -ne | -dre- | -ze | -ma- | -tor | -ma- | Heu- | -ne | -ma- | -scher | -schi- | Stroh- | -se | -te- | -ne | -pres- | -wen- | Saat- | -ma- | -der | -schi- | -wal- | -schi- | -ter | Mäh- | -schi- | -brei- | Melk- | Mist-

① ____________________ ⑥ ____________________

② ____________________ ⑦ ____________________

③ ____________________ ⑧ ____________________

④ ____________________ ⑨ ____________________

⑤ ____________________ ⑩ ____________________

Ein Tier – viele Tiere

① **Fülle die Tabelle aus.**

ein Tier (Einzahl)	**viele Tiere (Mehrzahl)**
eine Kuh	sieben Kühe
eine Gans	fünf
ein Hahn	zwei
ein Schwein	vier
ein Hund	drei
ein Pferd	zwei
eine Ente	neun
eine Katze	vier
ein Stier	zwei
ein Schaf	acht
ein Kalb	drei
eine Ziege	vier
ein Lamm	fünf

② **Markiere, was sich in der Mehrzahl ändert.**

ABC

Tierfamilien

Welche Tiere gehören zusammen? Verbinde.

Mutter	Vater	Kind
Henne	Schafbock	Kalb
Schaf	Hahn	Welpe
Hündin	Stier	Lamm
Kuh	Hengst	Ferkel
Sau	Rüde	Küken
Stute	Erpel	Fohlen
Ente	Eber	Küken

Der stolze Hahn

ABC

Male in der richtigen Farbe an.

1	gelb		
2	rot	5	braun
3	blau	6	schwarz
4	grün	7	orange

Alle helfen mit (1)

① **Lies den Text zwei- bis dreimal aufmerksam durch.**

Annabel und Max leben mit ihren Eltern und den Großeltern auf einem kleinen Bauernhof. Dort gibt es immer viel zu tun, deshalb müssen alle mithelfen.

Früh morgens melkt Mama die Kühe. Danach reinigt sie die Melkmaschine. Aus einem Teil der Milch stellt sie am Nachmittag Käse her. Max bringt die Kühe auf die Weide. Nur Selma bleibt im Stall, weil sie bald ein Kälbchen erwartet. Vater fährt den Mist auf den Misthaufen und streut frisches Stroh in den Kuhstall. Annabel sammelt die Eier aus dem Hühnerstall ein. Opa füttert den Hofhund und die beiden Katzen. In der Zwischenzeit bereitet Oma das Frühstück für die ganze Familie zu. Danach fahren die Kinder mit den Fahrrädern in die Schule. Sie werden erst am Nachmittag wieder zu Hause sein.

Nach dem Frühstück ernten Oma und Mama Beeren und Gemüse im kleinen Bauerngarten. Milch, Eier, selbst gemachte Marmelade, Brot, Gemüse und Käse werden im eigenen Hofladen verkauft.

Vater und Opa hängen die Mähmaschine an den Traktor. Dann fährt Vater auf das Feld und mäht das Gras. In den nächsten zwei Tagen muss das Gras täglich gewendet werden, damit es trocknen kann. Nach drei sonnigen Tagen fährt Vater das getrocknete Heu in die Scheune.

Am Nachmittag kommen Annabel und Max aus der Schule. Oma sagt: „Geht mal in den Stall, da wartet eine Überraschung auf euch." Die Kinder laufen los. Tatsächlich! Selma hat eben ihr Kälbchen geboren. Es liegt im Stroh und ist noch ganz feucht. Selma leckt ihr Kind ab und Opa reibt es mit Stroh trocken. Da versucht das kleine Tier auch schon aufzustehen. Für kurze Zeit steht es auf wackligen Beinen, dann knicken sie unter ihm weg. Nun muss sich das Kalb ausruhen.

Am frühen Abend treibt Max die Kühe von der Weide in den Stall zurück. Sie werden wieder gemolken. Nachts bleiben sie im Stall. Opa füttert noch die Schweine und kehrt den Hof. Oma schließt den Hofladen und backt das Brot für den nächsten Tag.

Alle helfen mit (2)

Ein arbeitsreicher Tag ist zu Ende gegangen. Die Familie sitzt beim
35 Abendessen. Dabei werden auch die Aufgaben für morgen geplant und
besprochen.

Nun ist Feierabend. Opa und Vater schauen die Nachrichten und den
Wetterbericht an. Annabel und Max spielen ein Spiel. Oma und Mama
39 häkeln Mützen und Schals für den Verkauf im Hofladen.

② **Beantworte die Fragen in ganzen Sätzen.**

1. Welche Personen leben auf dem Hof?

   Zeile ____: ______________________________

2. Welche Aufgaben werden vor dem Frühstück erledigt?

   Zeile ____ Mutter: ______________________________

   Zeile ____ Max: ______________________________

   Zeile ____ Vater: ______________________________

   Zeile ____ Annabel: ______________________________

   Zeile ____ Opa: ______________________________

   Zeile ____ Oma: ______________________________

3. Was wird im Hofladen verkauft?

Alle helfen mit (3)

ABC

4. Welche Arbeiten werden am Abend erledigt?

   Zeile _____: ____

5. Was wird beim Abendessen besprochen?

   Zeile _____: ____

6. Warum ist der Wetterbericht für die Familie wichtig?

③ **Kontrolliere deine Ergebnisse mit einem Partner.**

Bauernhoftiere suchen

Suche zehn Tiere, die auf einem Bauernhof leben. Male die Felder aus.

S	E	R	K	H	F	Ü	C	H	S	E
C	B	H	A	K	L	Ä	T	G	C	V
H	Ü	H	N	E	R	G	I	Ä	M	S
N	N	U	I	J	L	P	G	N	W	Q
E	R	I	N	D	E	R	E	S	F	B
C	L	Ü	C	M	J	R	R	E	Z	H
K	S	C	H	W	E	I	N	E	N	K
E	R	Z	E	B	J	K	O	N	M	A
N	E	B	N	M	K	S	B	T	S	T
M	A	R	D	E	R	C	J	E	O	Z
T	I	G	E	R	U	H	U	N	D	E
Z	Ü	S	C	H	L	A	N	G	E	N
C	D	F	K	L	P	F	E	R	D	E
F	R	Ö	S	C	H	E	R	Z	B	V

Hast du alle Bauernhoftiere gefunden?

EDREFP RENHÜH ESNÄG ENIEWHCS EDNUH

NEHCNINAK EFAHCS REDNIR NEZTAK NETNE

Im Kuhstall

① **Lies den Text.**

IM KUHSTALL

KÜHE BRAUCHEN SAUBERKEIT.

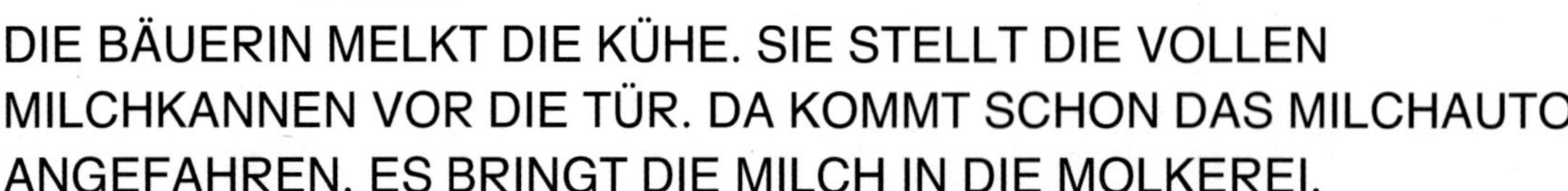

DIE BÄUERIN MELKT DIE KÜHE. SIE STELLT DIE VOLLEN MILCHKANNEN VOR DIE TÜR. DA KOMMT SCHON DAS MILCHAUTO ANGEFAHREN. ES BRINGT DIE MILCH IN DIE MOLKEREI.

DER BAUER FÜHRT DIE KÜHE AUF DIE WEIDE. DANN MISTET ER DEN STALL AUS. ZUM SCHLUSS STREUT ER SAUBERES STROH IN DEN KUHSTALL.

② **Unterstreiche die 15 Nomen (Substantive).**

③ **Umfahre die 9 Verben.**

④ **Schreibe die Nomen (Substantive) und Verben in die Tabelle.**

Nomen		Verben
Kühe		brauchen

⑤ **Findest du zwei Adjektive? Schreibe sie auf die Linie.**

Das neugierige, kleine Fohlen (1)

In unserem Dorf bei Bauer Meier gibt es ein sehr neugieriges, kleines Fohlen.

Schreibe mit diesen Wörtern eine spannende Geschichte:

Weide	**Zaun**	**Dorf**	**Wald**

Denke beim Schreiben an die drei Teile einer Geschichte:

Einleitung: Wer? Wann? Was? Wo?

Hauptteil: Gib den Personen Namen.
Lass sie miteinander sprechen.
Beschreibe auch Gefühle und Gedanken.

Schluss: Wie endet die Geschichte?
Es dürfen keine Fragen offenbleiben.

Das neugierige, kleine Fohlen (2)

ABC

Tiersprachen

① **Kennst du die Tiergeräusche? Verbinde mit den richtigen Tieren.**

② **Ergänze die Begriffe in der Tabelle.**

viele Kühe muhen	eine Kuh muht
viele Schafe	ein Schaf
viele Ziegen	eine Ziege
viele Gänse	eine Gans
viele Schweine	ein Schwein
viele Hühner	ein Huhn
viele Pferde	ein Pferd

Das Gedicht von unserem Brot

Weißt du, wie aus Getreidekörnern Brot entsteht?

① **Bringe die Teile des Gedichtes in die richtige Reihenfolge.**

1	**Unser Brot** Als Körnlein gesät,	**Ge**
	gesiebt und gesackt,	**e**
	liegt's duftend und frisch als Brot auf dem Tisch.	**e**
	gedroschen im Takt,	**r**
	geknetet und gut gebräunt in der Glut,	**d**
	als Ähren gemäht,	**t**
	dann hurtig und fein gemahlen vom Stein,	**i**

Lösungswort: ____ ____ ____ ____ ____ ____ ____
1 2 3 4 5 6 7

② **Schreibe das Gedicht ab.**

③ **Lerne das Gedicht auswendig.**
Wenn du möchtest, trage es deiner Klasse vor.

So kann Brot sein

HELL SCHMACKHAFT WEICH WÜRZIG
DUNKEL ALT KÖRNIG FRISCH FAD
UNGENIESSBAR FEIN KNUSPRIG

① **Schreibe die Gegensatzpaare auf.**

hell	dunkel

② **Schreibe die Wörter passend in die Sätze.**

__________ Roggenbrot ist gesünder als __________ Weizenbrot.
dunkel hell

Das __________ Brot bekommen die Schweine.
ungenießbar

Das __________ Brot vom Vortag wird billiger verkauft.
alt

Max mag am liebsten die __________ Brotrinde.
knusprig

Opa isst lieber __________ Brot.
weich

In der Backstube riecht es immer nach __________ Brot.
frisch

Mutter kauft das __________ Kartoffelbrot.
würzig

Auf das __________ Vollkornbrot streicht Anna frische Butter.
körnig

Rund um die Kartoffel

Kennst du dich aus mit Kartoffeln? Schreibe die zusammengesetzten Wörter mit Artikel (Begleiter) auf die Linien.

Das sind leckere Kartoffelprodukte:

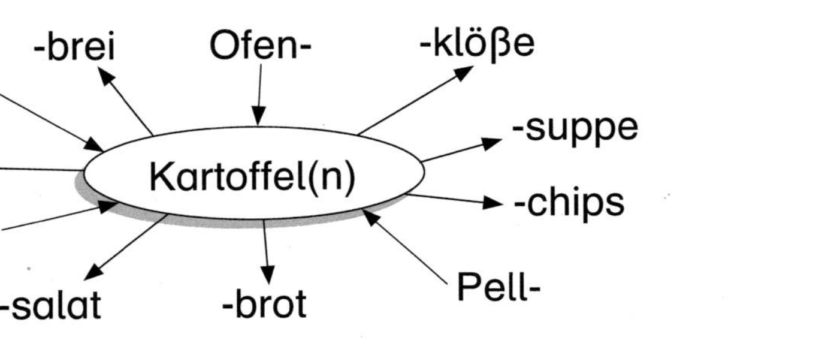

Das kannst du nicht essen!

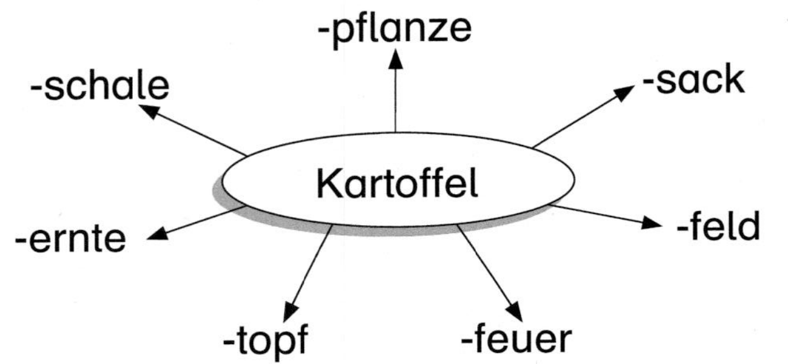

Was aus Milch gemacht wird

Verbinde die Buchstaben. Schreibe auf, was aus Milch alles gemacht wird.

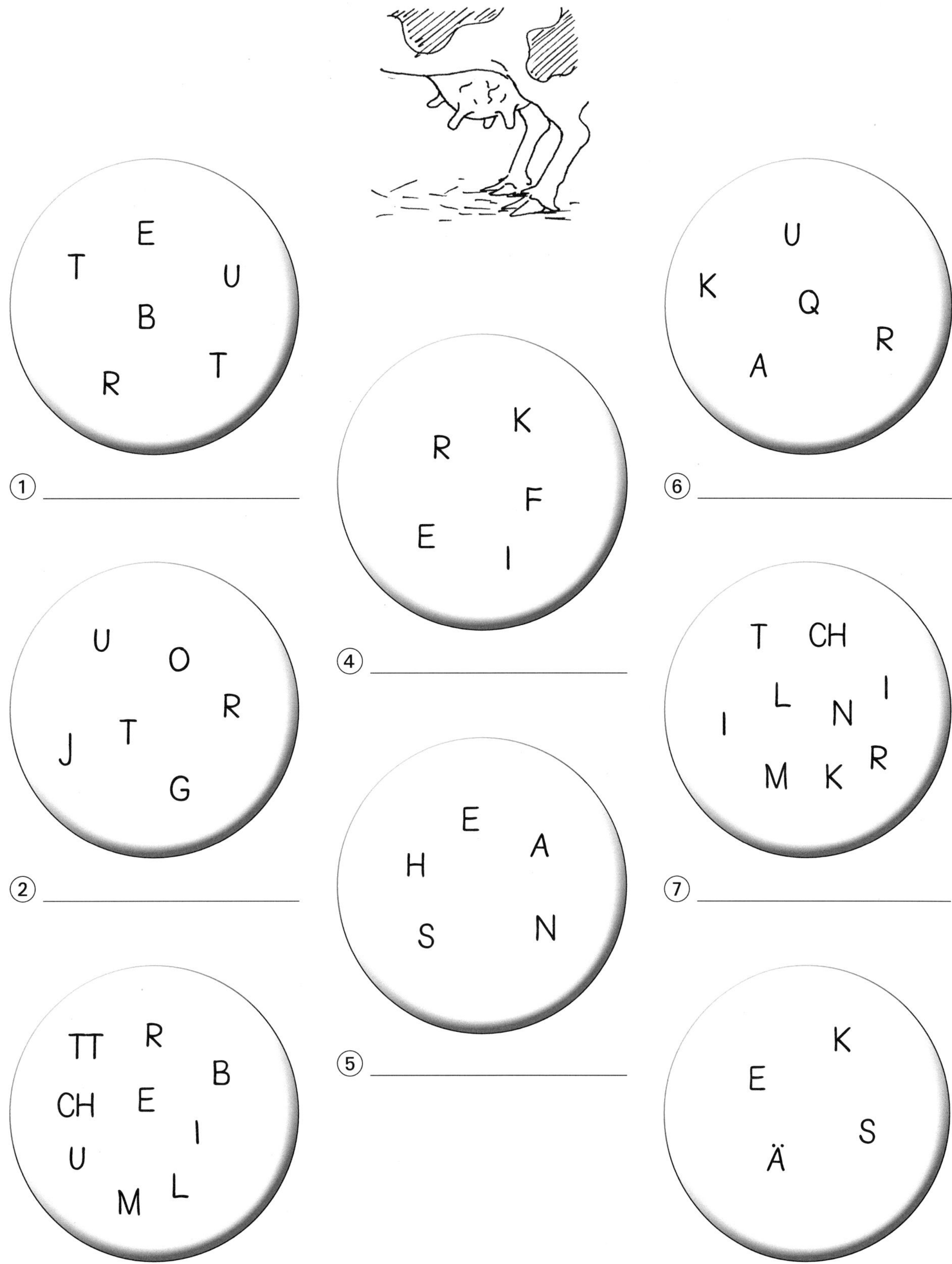

① ______________________

② ______________________

③ ______________________

④ ______________________

⑤ ______________________

⑥ ______________________

⑦ ______________________

⑧ ______________________

Ohne Milch geht es nicht

Milch kann in keiner Fabrik hergestellt werden. Wir verdanken sie alleine unseren Milchkühen. Milch wird für viele leckere Sachen gebraucht.

① Schreibe die Wörter auf. **② Sortiere sie nach dem ABC.**

GNIDDUP ______ ______

MERKSIE ______ ______

ENHAS ______ ______

RETTUB ______ ______

ESÄK ______ ______

KRAUQ ______ ______

MHARREUAS ______ ______

KCÄBEG ______ ______

NEHCUKNNAFP ______ ______

SIERHCLIM ______ ______

EDALOKOHCS ______ ______

SNOBNOBENHAS ______ ______

③ Suche im Supermarkt weitere Produkte, die aus Milch hergestellt werden. Vergiss auch die Tiefkühltruhe und das Getränkeregal nicht.

Diese Produkte habe ich noch gefunden:

______

______

______

______

______

______

______

______

Frischkäse selbst herstellen (1)

Leckeren Frischkäse kannst du ganz leicht selbst herstellen.

Lies die Texte auf der nächsten Seite durch. Schneide sie aus und klebe sie unter das richtige Bild.
Wenn du alles richtig zugeordnet hast, kannst du das Lösungswort eintragen.

1

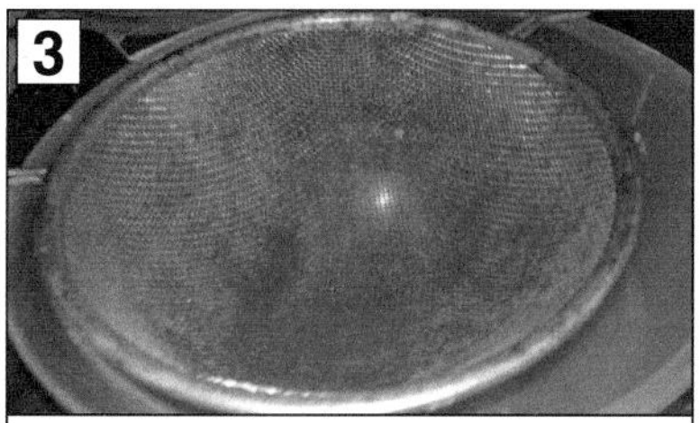

4

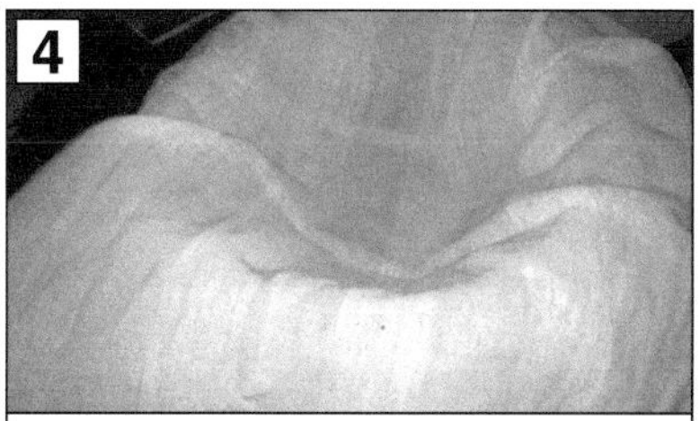

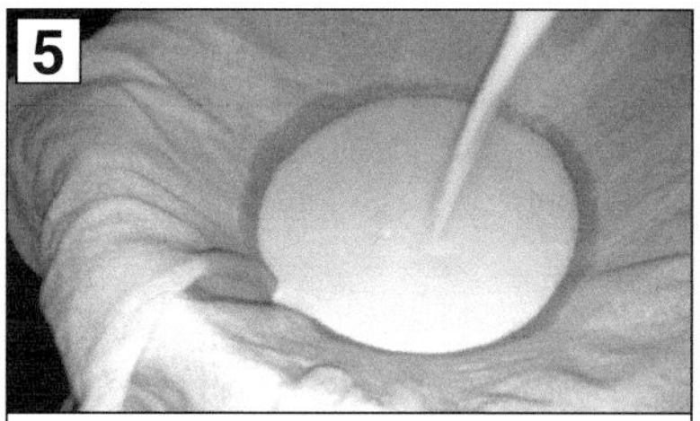

6

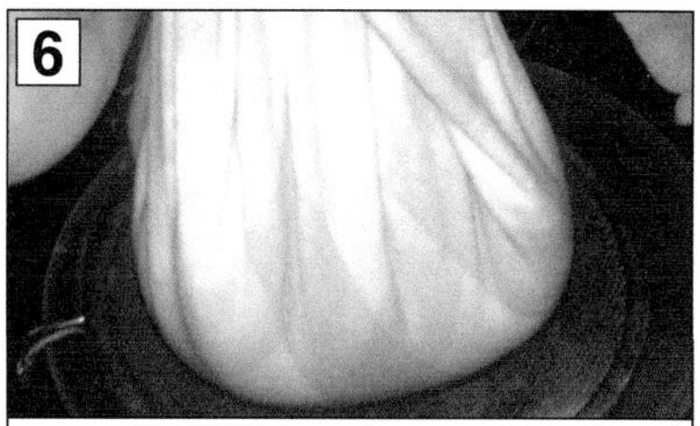

2

7

5

3

8

Lösungwort: ____ ____ ____ ____ ____ ____ ____ ____

1 2 3 4 5 6 7 8

Frischkäse selbst herstellen (2)

P Fasse das Tuch nun an allen Ecken zusammen.	**A** Über dem Sieb breitest du ein Tuch aus.	**P** Gieße die Milch langsam in das Tuch, sodass die Molke durch das Tuch in die Schüssel fließt.
N Lege ein Sieb auf eine Schüssel.	**TE** Nun gerinnt die Milch. Es entstehen kleine Flocken.	**ET** Drehe das Tuch immer weiter zusammen (Vorsicht: heiß!). Presse so die Molke heraus.
IT Gib den Frischkäse in eine kleine Schüssel und würze mit Salz und Pfeffer. Auch Knoblauchpulver passt gut dazu. Wenn du magst, kannst du noch kleingehackte Kräuter dazu mischen.		**GU** Gieße 1 Liter Milch in einen Topf und koche sie auf. Nimm die Milch vom Herd und rühre den Saft einer halben Zitrone hinein.

✂ -

P Fasse das Tuch nun an allen Ecken zusammen.	**A** Über dem Sieb breitest du ein Tuch aus.	**P** Gieße die Milch langsam in das Tuch, sodass die Molke durch das Tuch in die Schüssel fließt.
N Lege ein Sieb auf eine Schüssel.	**TE** Nun gerinnt die Milch. Es entstehen kleine Flocken.	**ET** Drehe das Tuch immer weiter zusammen (Vorsicht: heiß!). Presse so die Molke heraus.
IT Gib den Frischkäse in eine kleine Schüssel und würze mit Salz und Pfeffer. Auch Knoblauchpulver passt gut dazu. Wenn du magst, kannst du noch kleingehackte Kräuter dazu mischen.		**GU** Gieße 1 Liter Milch in einen Topf und koche sie auf. Nimm die Milch vom Herd und rühre den Saft einer halben Zitrone hinein.

Das symmetrische Bauernhaus

1 + 1 =

Zeichne das Spiegelbild.

Ausmalbild

① **Löse die Aufgaben.**

② **Suche im Bild die Lösungen und male die Lösungsfelder grün aus.**

16 + 5 = ____	17 + 14 = ____	26 + 27 = ____	26 + 12 + 18 = ____
45 – 8 = ____	35 – 18 = ____	74 – 28 = ____	68 – 17 – 13 = ____
28 + 7 = ____	38 + 17 = ____	38 + 29 = ____	24 + 27 + 23 = ____
52 – 9 = ____	63 – 19 = ____	62 – 36 = ____	100 – 25 + 19 = ____
36 + 6 = ____	36 + 16 = ____	44 + 38 = ____	70 + 26 – 27 = ____
81 – 8 = ____	90 – 18 = ____	92 – 47 = ____	

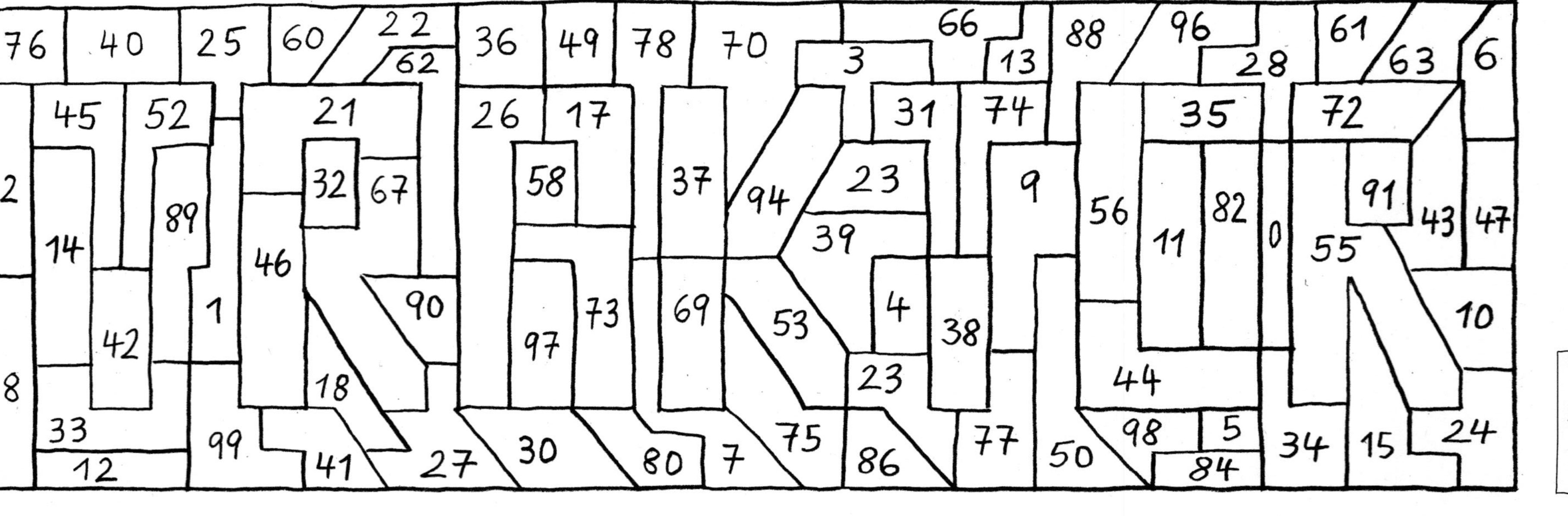

Tag der offenen Tür

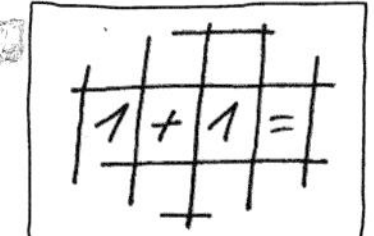

Heute ist „Tag der offenen Tür“ auf dem Bauernhof bei Familie Steiner. Viele Besucher kommen. Es gibt Angebote zum Mitmachen, Essen und Trinken.

① Martina reitet zuerst auf einem Pony. Danach hat sie Hunger und isst ein Brötchen mit Kräuterquark. Dazu trinkt sie ein Glas Frischmilch.

Wie viel kostet alles zusammen?

Rechnung:

Antwort: ______________________________

② Robert fährt auf dem Traktor mit. Danach trinkt er ein Glas Milch und isst eine Scheibe Bauernbrot mit Käse.

Wie viel Geld gibt Robert aus?

Rechnung:

Antwort: ______________________________

③ Franzi hat 5 € von ihrer Oma bekommen. Sie isst eine Scheibe Brot mit Käse und bastelt dann eine Kürbislaterne. Danach geht sie zum Ponyreiten.

Für wie viele Gläser Frischmilch reicht Franzis Geld jetzt noch?

Rechnung:

Antwort: ______________________________

Bauer Schmidts Tiere

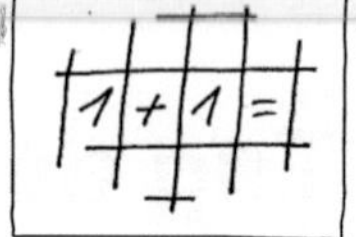

Bauer Schmidt hat viele Tiere.

Lies die Anzahl aus dem Säulendiagramm ab und trage die Zahlen richtig in die Sätze ein.

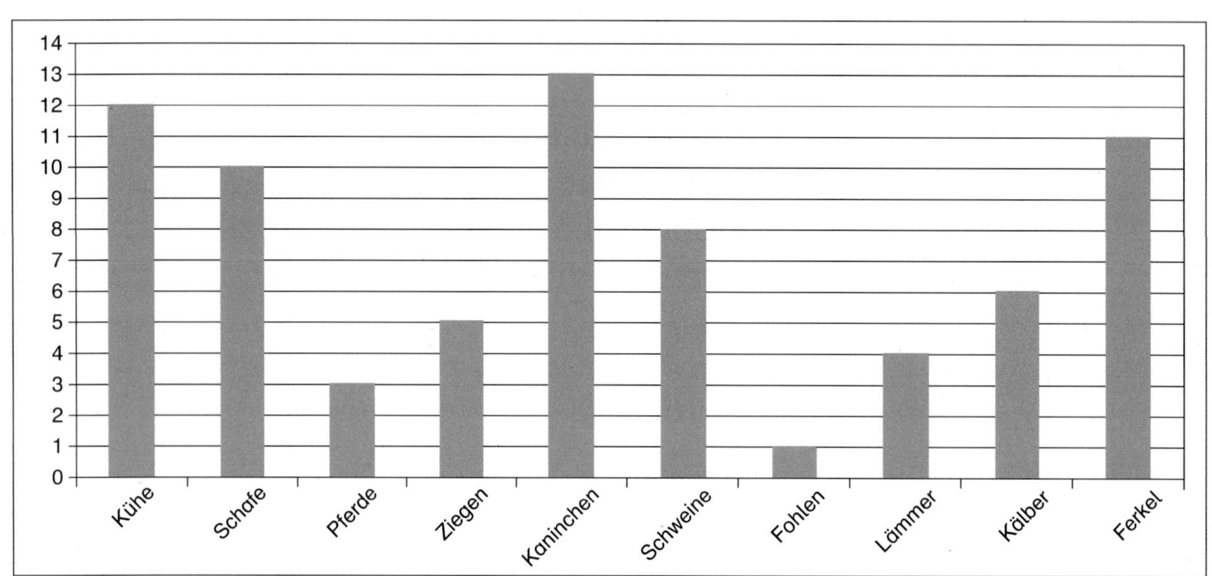

a) Bauer Schmidt hat ______ Kühe, ______ Schafe, ______ Pferde, ______ Ziegen, ______ Kaninchen und ______ Schweine.

b) Er hat auch viele Tierkinder: ______ Fohlen, ______ Lämmer, ______ Kälber und ______ Ferkel.

c) Es sind ______ Kälber mehr als Lämmer.

d) Pferde und Fohlen sind zusammen ______.

e) Ziegen und Kälber sind genauso viele wie ______________.

f) Bauer Schmidt hat zwei Schafe weniger als ______________.

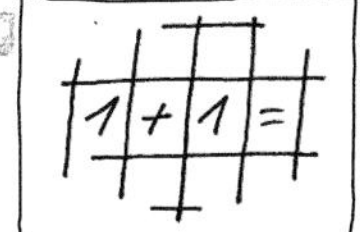

Ein Freigehege für die Gänse

Für seine vier Gänse zäunt Bauer Mang ein rechteckiges Wiesenstück mit 8 m Breite und 6 m Länge ein.

① **Im Abstand von jeweils 2 m schlägt er Holzpfosten in den Boden. Wie viele Pfosten braucht er? Zeichne die Pfosten als Punkte in die Skizze ein.**

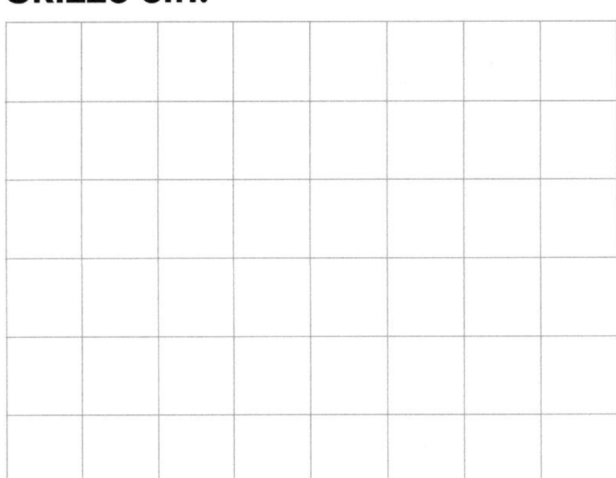

Ein Kästchen hat in Wirklichkeit 1 m Länge und 1 m Breite.

Antwort:

Er braucht ___________ Pfosten.

② **Zwischen den Pfosten spannt Herr Mang einen Maschendrahtzaun. Wie viele Meter Zaun muss er kaufen?**

Antwort:

Herr Mang muss ___________ m Zaun kaufen.

③ **Nun rechnet Herr Mang: Ein Holzpfosten kostet 8, 80 €, in Meter Maschendrahtzaun kostet 14, 60 €. Wie viel kostet der Zaun insgesamt?**

Antworten: Die Holzpfosten kosten zusammen ___________.

Der Maschendrahtzaun kostet ___________.

Der Zaun kostet insgesamt ___________________.

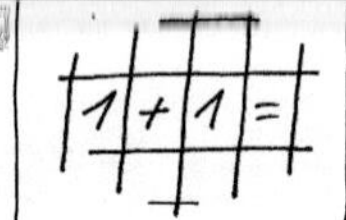

Viele Beine

① **Auf einem kleinen Bauernhof gibt es Gänse und mehr als vier Schafe. Zusammen haben die Tiere 44 Beine.**

a) Finde mithilfe der Tabelle heraus, wie viele Schafe und wie viele Gänse es jeweils sein müssen, um auf insgesamt 44 Beine zu kommen.

Anzahl Schafe	Anzahl Gänse	Beine zusammen
5	12	44
6		44
		44
		44
		44
		44

b) Die Bäuerin kauft noch drei Entenküken dazu. Welche Möglichkeiten gibt es nun, wenn die Anzahl der Beine immer 44 ist?

Anzahl Schafe	Anzahl Gänse	Anzahl Küken	Beine zusammen
5	9	3	44
6		3	44
		3	44
		3	44
			44

② **Auf einem anderen Hof gibt es Hühner und Kühe. Zusammen sind es 20 Tiere. Findest du heraus, wie viele Beine die Tiere höchstens zusammen haben und wie viele sie mindestens zusammen haben?**

	Anzahl Kühe	Anzahl Hühner	Beine zusammen
höchstens			
mindestens			

20 Tiere haben zusammen höchstens ___________ Beine und mindestens ___________ Beine.

Hennen brauchen Futter

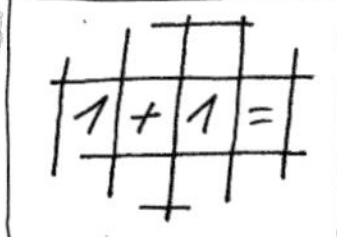

① **Eine Legehenne braucht am Tag ungefähr 120 g Futter. Auf einem Geflügelhof leben 12 500 Hennen.**

Frage: ______________________________

Rechnung: (Rechne mit g und wandle dann in kg um.)

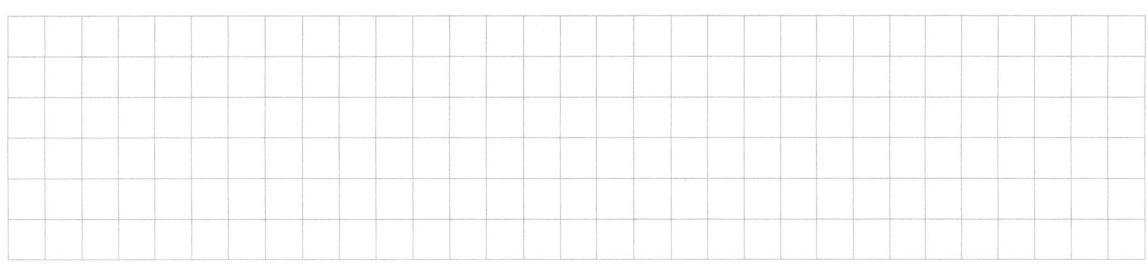

Antwort: ______________________________

② **Das Futter gibt es in 100-kg-Säcken.**
Wie viele Säcke müssen pro Tag bereitgestellt werden?

Rechnung:

Antwort: ______________________________

③ **Ein Sack Futter kostet 31 €.**

Berechne die Futterkosten a) für einen Tag.
b) für ein Jahr (365 Tage).

Rechnungen:

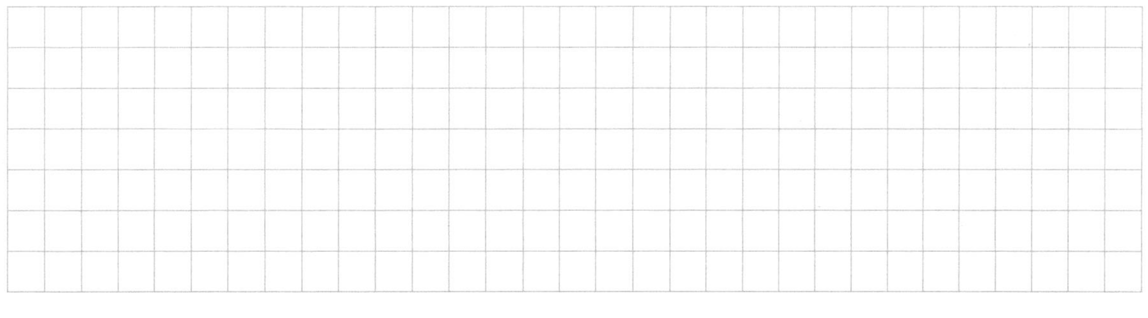

Antworten: a) ______________________________

b) ______________________________

Wie viele Eier sind übrig?

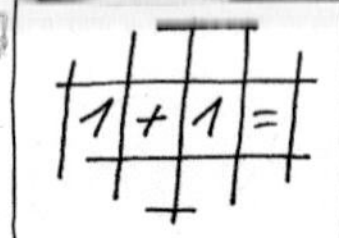

① **Der große Supermarkt in der Stadt wird heute vom Hühnerhof mit Eiern beliefert. Er bekommt 10 Platten mit je 30 Eiern, 25 Schachteln mit je 10 Eiern und 12 Schachteln mit je 6 Eiern.**

Wie viele Eier werden an den Supermarkt geliefert?

Rechnung:

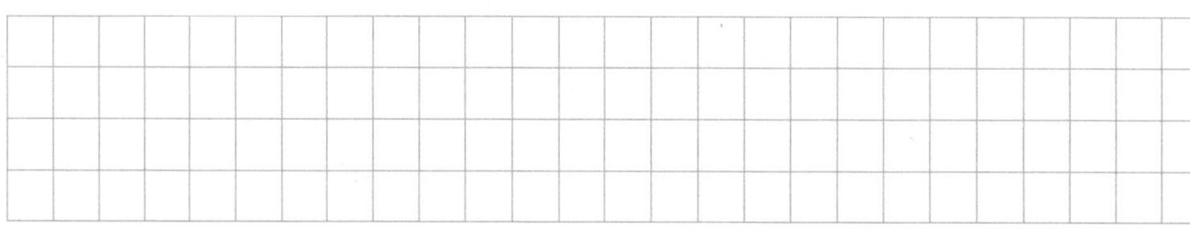

Antwort: ______________________________

② **Als der Laden am Abend schließt, sind noch 96 Eier übrig.**

Wie viele Eier wurden verkauft?

Rechnung:

Antwort: ______________________________

③ **Die Bäckerei um die Ecke erhält 5 Platten mit je 30 Eiern. In der Backstube werden für die Torten 45 Eier verbraucht und für die Rührkuchen 86 Eier.**

Wie viele Eier sind am Abend noch übrig?

Rechnung:

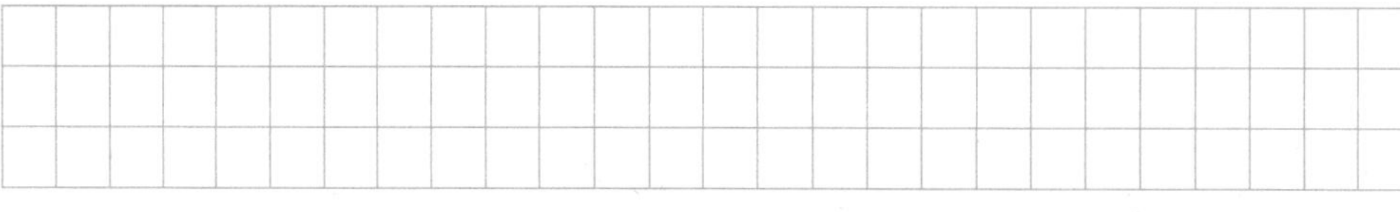

Antwort: ______________________________

Wer bin ich?

Löse die Aufgaben. Verbinde dann die Ergebnisse der Reihenfolge nach.

① 6 · 7 = ____

② 5 · 9 = ____

③ 8 · 4 = ____

④ 12 · 3 = ____

⑤ 20 · 5 = ____

⑥ 9 · 6 = ____

⑦ 13 · 3 = ____

⑧ 7 · 8 = ____

⑨ 9 · 9 = ____

⑩ 15 · 4 = ____

⑪ 3 · 7 = ____

⑫ 45 : 9 = ____

⑬ 120 : 6 = ____

⑭ 42 : 7 = ____

⑮ 35 : 5 = ____

⑯ 72 : 8 = ____

⑰ 28 : 7 = ____

⑱ 32 : 4 = ____

⑲ 48 : 2 = ____

⑳ 60 : 5 = ____

㉑ 52 : 2 = ____

㉒ 24 : 8 = ____

㉓ (26 · 2) + 25 = ____

㉔ (3 · 8) + 17 = ____

㉕ (6 · 9) – 29 = ____

㉖ (7 · 4) – 11 = ____

㉗ (56 : 7) + 25 = ____

㉘ (42 : 6) + 23 = ____

㉙ (15 · 3) + ____ = 100

㉚ (16 : 2) + ____ = 51

㉛ (9 · 9) – ____ = 50

㉜ (54 : 9) + ____ = 54

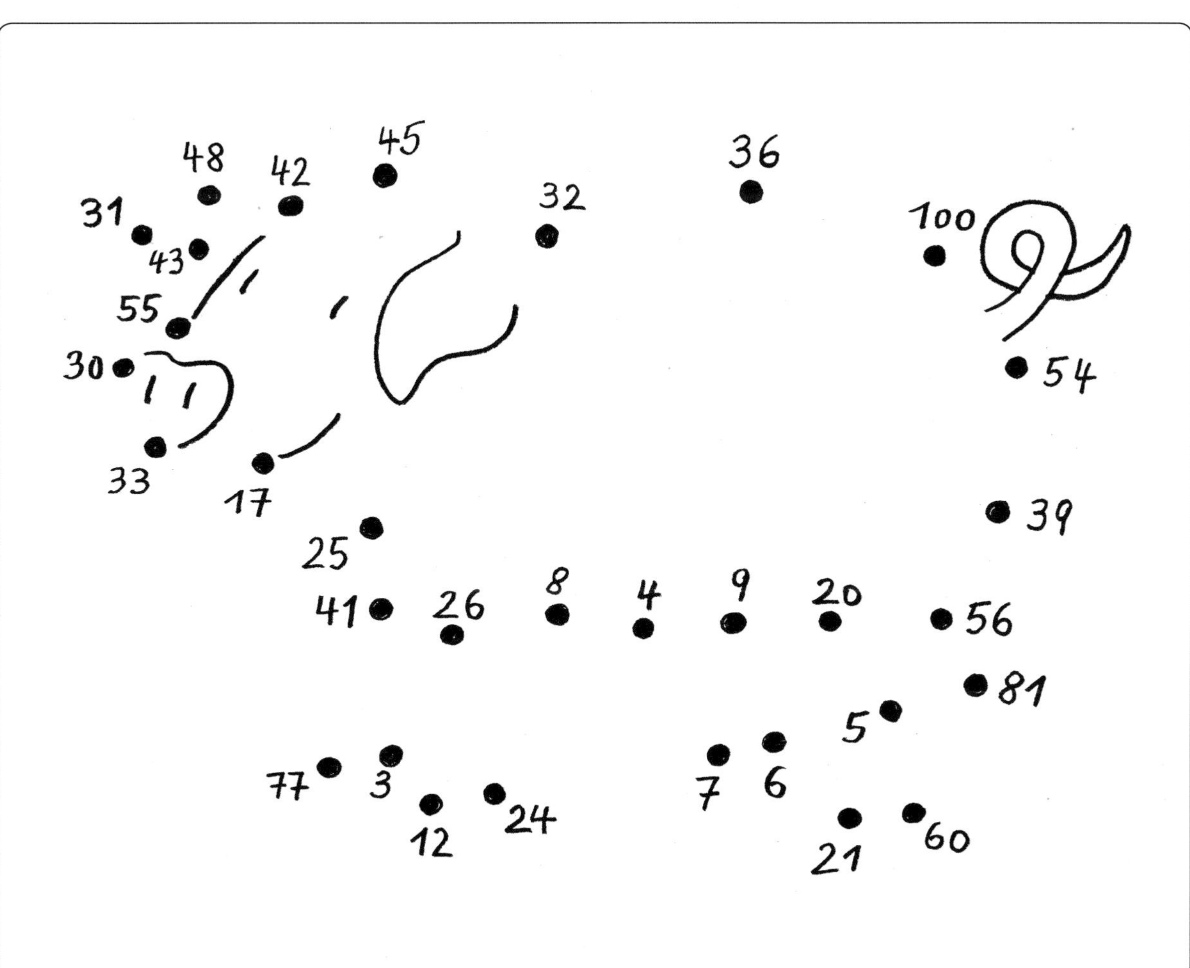

Bauernhöfe früher und heute

① **Lies den Text.**

Früher waren Bauernhöfe kleine Familienbetriebe. Auf ihnen arbeiteten der Bauer, die Bäuerin, manchmal ein Knecht und eine Magd. Oft gehörten auch die Großeltern dazu. Selbst die Kinder mussten mithelfen. Bei diesen Höfen befand sich alles unter einem Dach: die Wohnräume und auch die Ställe. Die Bauern damals hielten ein paar Schafe, Rinder, Schweine, Ziegen und Geflügel. Sie bauten Nutzpflanzen an. So hatten sie alles, was die Familie für ihre Ernährung brauchte: Getreide, Kartoffeln, Gemüse, Milch, Fleisch, Eier und Obst. Die Erzeugnisse wurden auf dem Hof weiterverarbeitet. Die Bauern stellten selbst Butter und Käse her. Sie verarbeiteten ihr eigenes Mehl zu Brot und Kuchen. Aus dem Fleisch ihrer Rinder stellten sie Wurst her.

Heute sind die meisten Bauernhöfe sehr groß. Sie haben mehrere Angestellte und sind oft auf ein Erzeugnis festgelegt. Es gibt zum Beispiel Milchhöfe, Geflügelhöfe, Schweinezuchten, Gemüsehöfe oder Obstplantagen. Die Höfe produzieren große Mengen, die sie verkaufen. Getreide wird an Mühlen verkauft, die daraus Mehl mahlen. Das Mehl geht entweder in Supermärkte oder es werden daraus Backwaren hergestellt. Milch wird in Molkereien zu Butter, Jogurt, Sahne, Trinkmilch und Käse verarbeitet. Aus Fleisch werden in Schlachtereien Wurst, Würstchen und Schinken hergestellt. Kartoffeln, Gemüse und Eier werden in Supermärkten angeboten.

② **Schreibe die Unterschiede in die Tabelle.**

	Bauernhof früher	Bauernhof heute
Größe		
Gebäude		
Tiere		
Produkte		
Verarbeitung der Produkte		

Ferien auf dem Bauernhof

① Hast du schon einmal deine Ferien auf einem Bauernhof verbracht?

Berichte deiner Klasse davon:
– Was hast du dort gemacht?
– Durftest du mithelfen?
– Welche Tiere gab es?

② Du hast noch nie solche Ferien erlebt? Bestimmt hast du eine Vorstellung davon, was man dort machen könnte.

Lies die Texte der Felder. Male sinnvolle Felder aus.

Die Eier im Hühnerstall einsammeln.

Die Schweine melken.

Im Heu schlafen.

Bananen ernten.

Die Hühner füttern.

Die Kühe auf die Weide bringen.

Bei der Ernte helfen.

Die Schafe scheren.

Mit dem Bauern auf das Feld fahren.

Eine Disco im Kuhstall veranstalten.

Auf dem Pony reiten.

③ Informiere dich in Zeitungen, Urlaubskatalogen oder im Internet über Höfe, die Ferien auf dem Bauernhof anbieten.

Schreibe drei Aktivitäten auf, die dort für Kinder angeboten werden.

____

____

____

____

Das Getreide

Sicher weißt du, dass Getreide und Getreideprodukte für unsere Ernährung sehr wichtig sind. Aber was ist alles Getreide? Und wie unterscheidet es sich? Willst du mehr erfahren? Das geht besonders gut in Gruppen oder mit einem Partner.

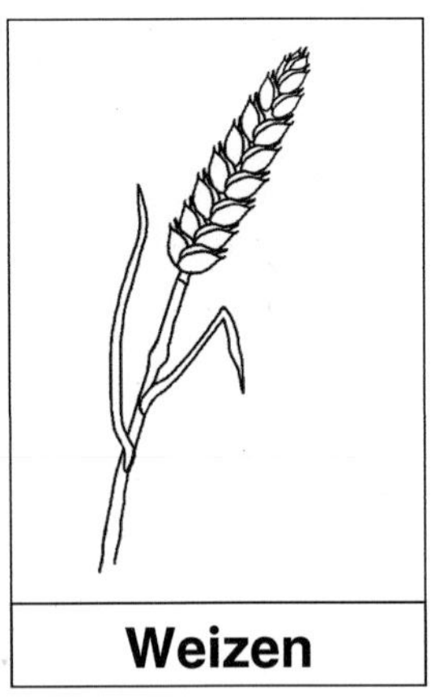

Weizen

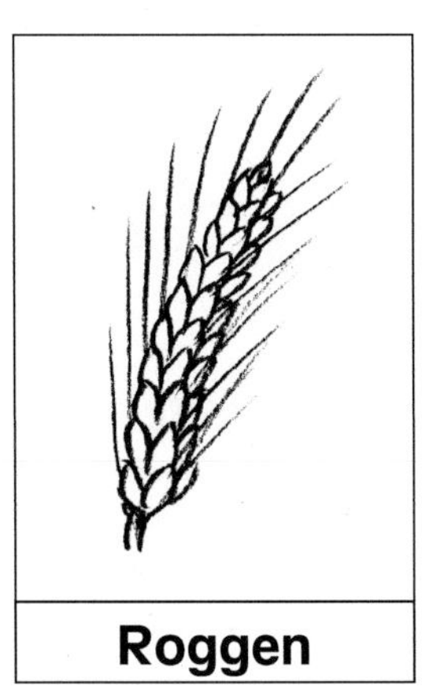

Roggen

Hafer

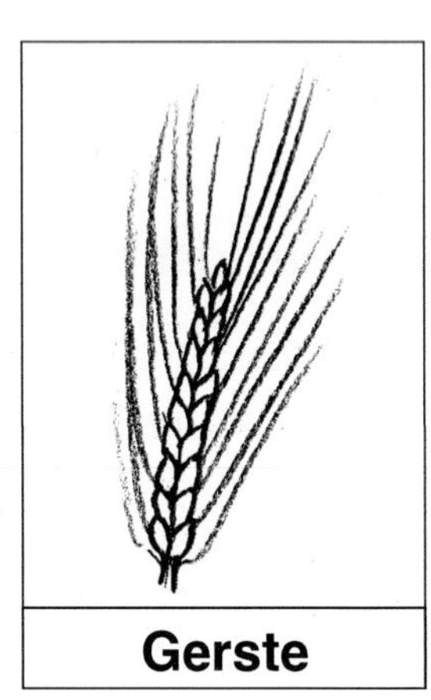

Gerste

Mais

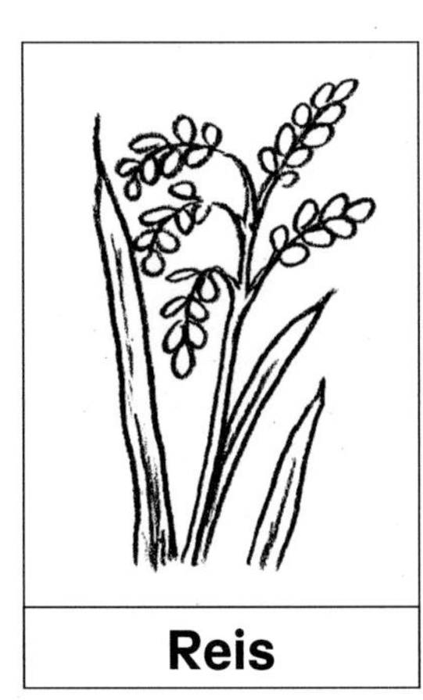

Reis

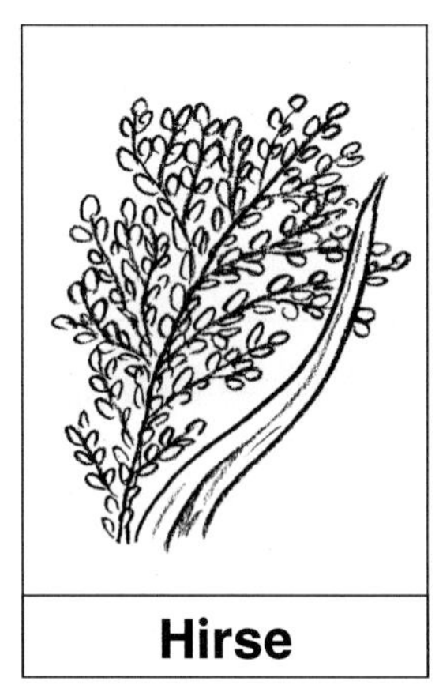

Hirse

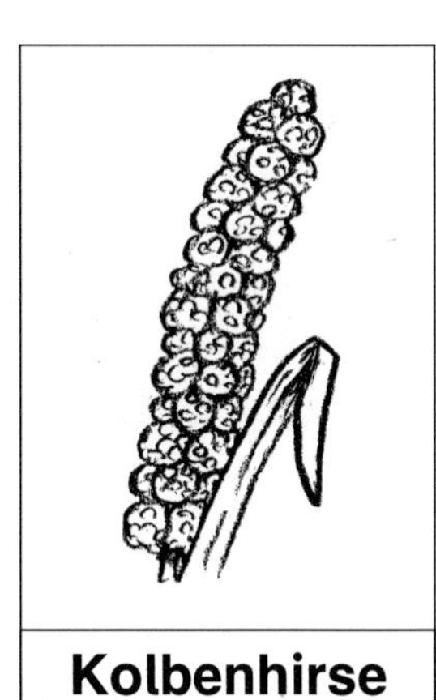

Kolbenhirse

① **Sucht euch einen Partner oder bildet eine kleine Gruppe.**

② **Sucht euch eine Getreideart aus.**

③ **Informiert euch über die Besonderheiten eures Getreides in Büchern, im Internet oder auch bei einem Bauern in eurer Nähe.**

④ **Fertigt ein Plakat an.**

⑤ **Präsentiert das Getreide. Dabei sollt ihr folgende Fragen beantworten:**

- Woran kann man das Getreide erkennen und von anderen unterscheiden?
- Wo wächst das Getreide?
- Wie lange dauert es von der Aussaat bis zur Ernte?
- Wofür wird das Getreide verwendet?

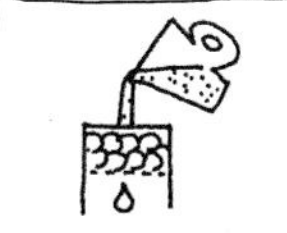

Aufbau einer Getreidepflanze

Hier siehst du eine Weizenpflanze. Sie gehört zum Getreide.

Beschrifte die Pflanze.

KNOTEN KORN LAUBBLATT WURZEL
ÄHRE HALM GRANNE

① ______

② ______

③ ______

④ ______

⑤ ______

⑥ ______

⑦ ______

Getreideanbau und Ernte früher (1)

Schneide die Texte von der nächsten Seite aus. Klebe sie unter die richtigen Bilder.

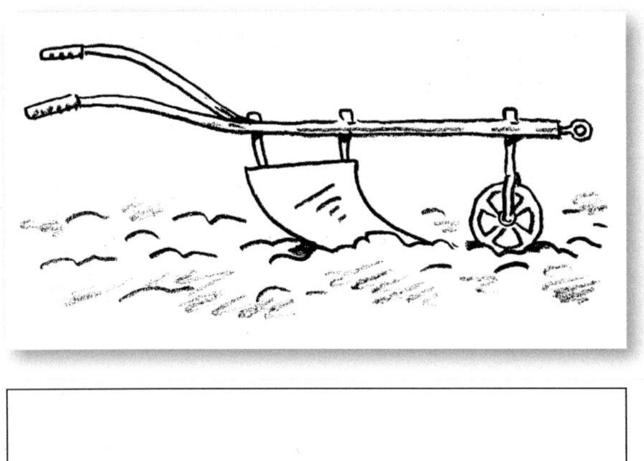

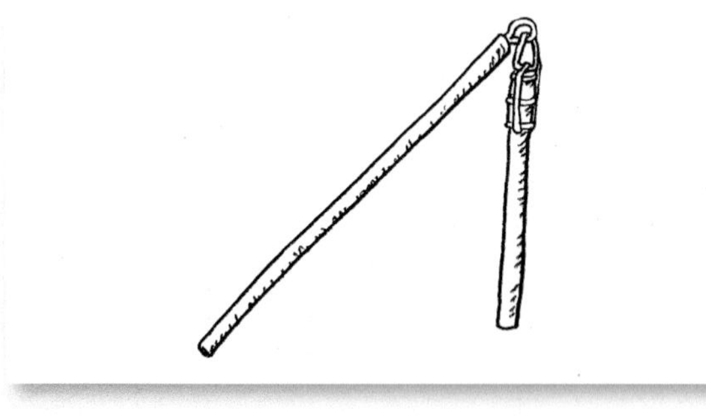

Getreideanbau und Ernte früher (2)

Der Bauer mäht das reife Getreide mit der Sense.	Das Getreide wird mit dem Dreschflegel gedroschen.
Der Bauer sät die Getreidekörner aus.	Der Ackerboden wird mit dem Pflug aufgebrochen und umgewendet.
Die groben Erdschollen werden mit der Egge zerkrümelt.	Das geschnittene Getreide wird zu Garben gebündelt.

Der Bauer mäht das reife Getreide mit der Sense.	Das Getreide wird mit dem Dreschflegel gedroschen.
Der Bauer sät die Getreidekörner aus.	Der Ackerboden wird mit dem Pflug aufgebrochen und umgewendet.
Die groben Erdschollen werden mit der Egge zerkrümelt.	Das geschnittene Getreide wird zu Garben gebündelt.

Getreideanbau und Ernte heute (1)

Die Arbeitsschritte bei der Getreideproduktion sind heute die gleichen wie früher. Doch sind sie nicht mehr mit so schwerer körperlicher Arbeit verbunden. Für alle Vorgänge gibt es Geräte und Maschinen. Die Zugochsen oder Zugpferde werden durch einen Traktor ersetzt, an den die Geräte angehängt werden.

① **Ordne die Texte den Bildern zu.**

D	Die **Sämaschine** hat einen aufgesetzten Behälter mit Samenkörnern. Durch Schläuche fallen die Körner auf das Feld. Gleichzeitig werden die Rillen in der Erde wieder zugedeckt.

R	Im letzten Arbeitsschritt sammelt eine **Presse** das Stroh ein und presst es zu runden oder eckigen Ballen.

ÄH	Die **Egge** zerkrümelt die groben Erdschollen und bereitet eine ebene Oberfläche.

E	Das Getreide wird mit dem **Mähdrescher** geerntet. Dabei werden die Körner aus den Ähren gedroschen. Durch ein Rohr werden die Körner auf den **Erntewagen** geblasen. Das trockene Stroh wirft die Maschine auf das Feld.

Getreideanbau und Ernte heute (2)

5

R Alle Pflanzen brauchen Nährstoffe zum Wachsen. Deshalb fährt der Bauer mit dem **Düngerstreuer** über das Feld.

6

M Mit dem **Pflug** wird die Erde aufgebrochen und gewendet. Er ist viel breiter als früher und bearbeitet eine größere Fläche.

7

E Mit dem **Güllefass** wird natürlicher Dünger, nämlich Gülle aus den Ställen, auf das Feld gebracht.

8

SCH Manchmal werden die Pflanzen von Schädlingen befallen. Der Bauer spritzt dann mit der **Feldspritze** Pflanzenschutzmittel.

② **Finde das Lösungswort.**

Die wichtigste Maschine bei der Getreideernte ist der

___	___	___	___	___	___	___	___
1	2	3	4	5	6	7	8

Das Getreidekorn unter der Lupe

Wie sieht ein Getreidekorn wohl von innen aus? Wenn du diese Frage beantworten möchtest, führe folgenden Versuch durch:

① **Versuch: Das Getreidekorn unter der Lupe**

a) Lege ein paar Getreidekörner zwei bis drei Tage in Wasser, bis sie aufgequollen sind.

b) Lass dir von einem Erwachsenen ein Korn durchschneiden.

c) Betrachte das Innere des Getreidekorns unter einer Lupe.

d) Zeichne, was du siehst:

② **Beschrifte das Getreidekorn mit: MEHLKÖRPER • SCHALE • KEIMLING.**

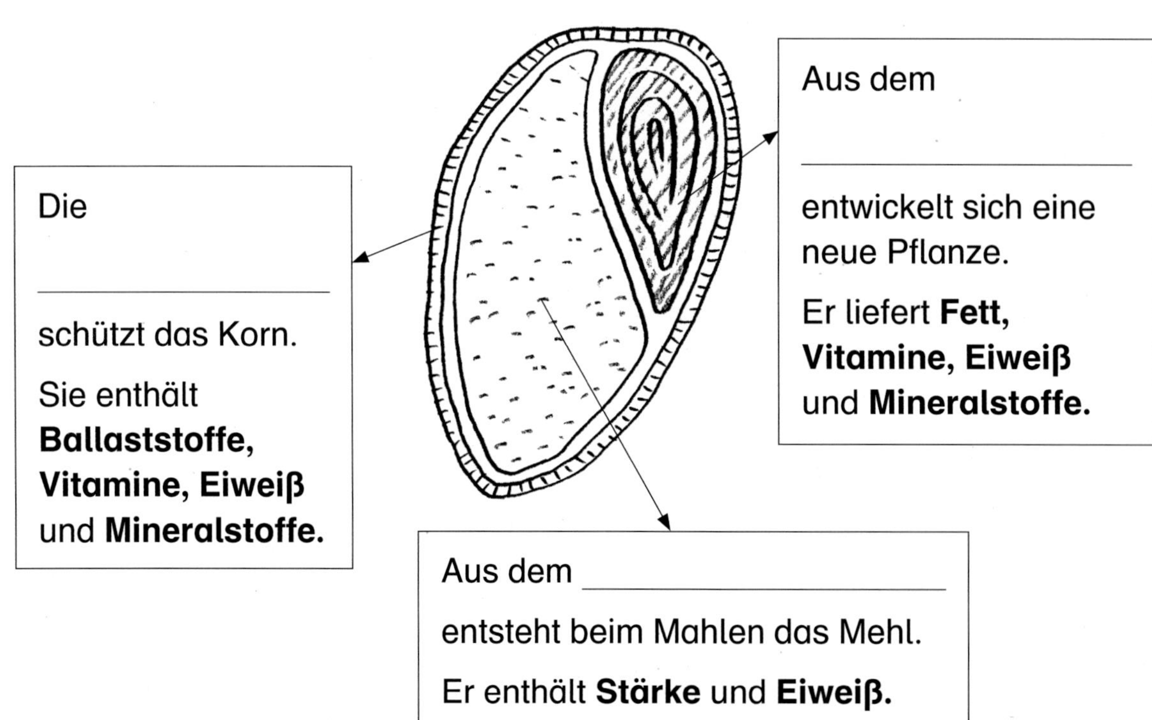

Wir untersuchen Getreide

① **Wenn du wissen möchtest, wie ein Getreidekorn keimt, führe folgenden Versuch durch:**

- Lege zwei Schälchen mit Watte aus.
- Befeuchte eines der Schälchen mit Wasser.
- Lege auf jede Watte vier bis fünf Getreidekörner.
- Stelle die Schälchen an einen warmen Ort.
- Halte die Watte immer feucht.
- Führe ein Beobachtungsprotokoll.

Du brauchst:
- zwei Schälchen
- Watte
- Getreidekörner
- Wasser

Tag	ohne Wasser	mit Wasser
1		
2		
3		
4		
5		

② **Mache auch einen Geschmacksversuch.**

Kaue ein trockenes Korn und danach ein keimendes Korn. Kreuze an.

☐ Die Körner schmecken gleich.

☐ Die Körner schmecken unterschiedlich.

Das trockene Korn schmeckt ☐ sauer, ☐ bitter, ☐ süß, ☐ salzig.

Das keimende Korn schmeckt ☐ sauer, ☐ bitter, ☐ süß, ☐ salzig.

Aus Korn wird Brot

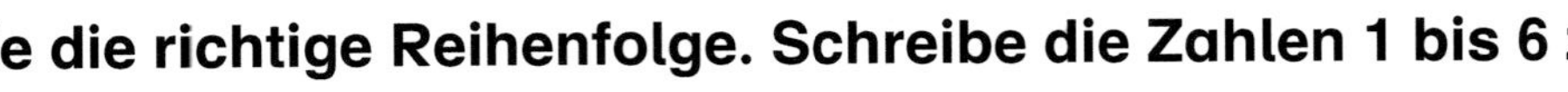

① **Finde die richtige Reihenfolge. Schreibe die Zahlen 1 bis 6 zu den Bildern.**

Der Bäcker knetet aus Mehl, Salz, Wasser und Hefe den Brotteig.

Dann sät der Bauer das Getreide.

Wenn das Brot gebacken ist, kannst du es kaufen und essen.

In der Mühle mahlt der Müller die Körner zu Mehl.

Der Bauer pflügt das Feld.

Im Sommer wird das Getreide geerntet.

② **Male die Bilder aus.**

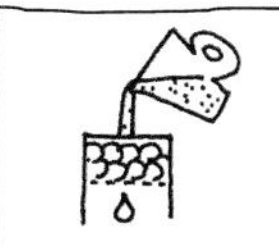

Mehl selbst herstellen

Bei uns gibt es ungefähr 300 verschiedene Brotsorten. Die meisten Brotarten entstehen aus Weizenmehl oder Roggenmehl. Damit man das Getreide zum Brotbacken verwenden kann, muss es zu Mehl gemahlen werden.

① **Lege auf einen flachen Stein ein paar Weizen- oder Roggenkörner. Versuche sie mit dem kleineren Stein zu Mehl zu zerreiben. Was stellst du fest?**

____

____

____

② **Lege einige Getreidekörner in den Mörser und zerreibe sie mit dem Stößel. Was stellst du fest?**

____

____

____

③ **Zermahle nun Körner mit einer Getreidemühle.**

④ **Vergleiche die Mehle aus den Aufgaben 1 bis 3. Beschreibe das Ergebnis.**

Zerreiben mit Steinen	Zerreiben im Mörser	Getreidemühle
____________	____________	____________
____________	____________	____________
____________	____________	____________
____________	____________	____________
____________	____________	____________
____________	____________	____________

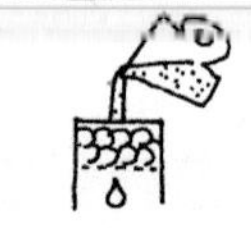

Leckeres Brot selbst gemacht

Habt ihr schon einmal Brot selbst gebacken? Das ist gar nicht schwer. Probiert es doch einfach mal aus.

Bildet Gruppen von vier bis sechs Schülern.

Zutaten: 500 g Weizenmehl
2 gestrichene Teelöffel Salz
30 g Hefe oder ein Päckchen Trockenhefe
1 Teelöffel Zucker
350 ml warmes Wasser
1 Esslöffel Olivenöl
2 Esslöffel Sesamsamen

So wird es gemacht:

1. Wiegt das Mehl ab und gebt es in eine große Schüssel.
2. Verrührt das Mehl gut mit dem Salz.
3. Hefe und Zucker löst ihr im Wasser auf.
4. Gießt das Gemisch zum Mehl.
5. Knetet das Ganze gut durch.
6. Stellt die Schüssel an einen warmen Ort und lasst den Teig aufgehen.
7. Formt aus dem Teig für jeden Schüler der Gruppe einen Fladen. Er soll etwa 2 cm dick sein.
8. Legt ein Backblech mit Backpapier aus und legt die Fladen darauf.
9. Bestreicht jeden Fladen mit Olivenöl.
10. Bestreut die Fladen mit Sesamsamen.
11. Lasst die Fladen an einem warmen Ort nochmals 5 bis 10 Minuten gehen.
12. Heizt in der Zwischenzeit den Backofen auf 180 °C–200 °C vor.
13. Lasst die Fladen 15 bis 20 Minuten backen.

GUTEN APPETIT

Der Maiskolben

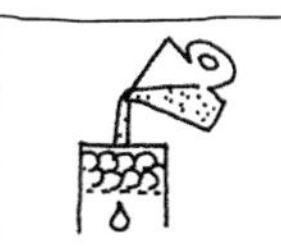

① **Schneide die Puzzleteile aus und ordne sie.**

② **Klebe dein fertiges Bild auf ein weißes Papier.**

③ **Male das Bild farbig an.**

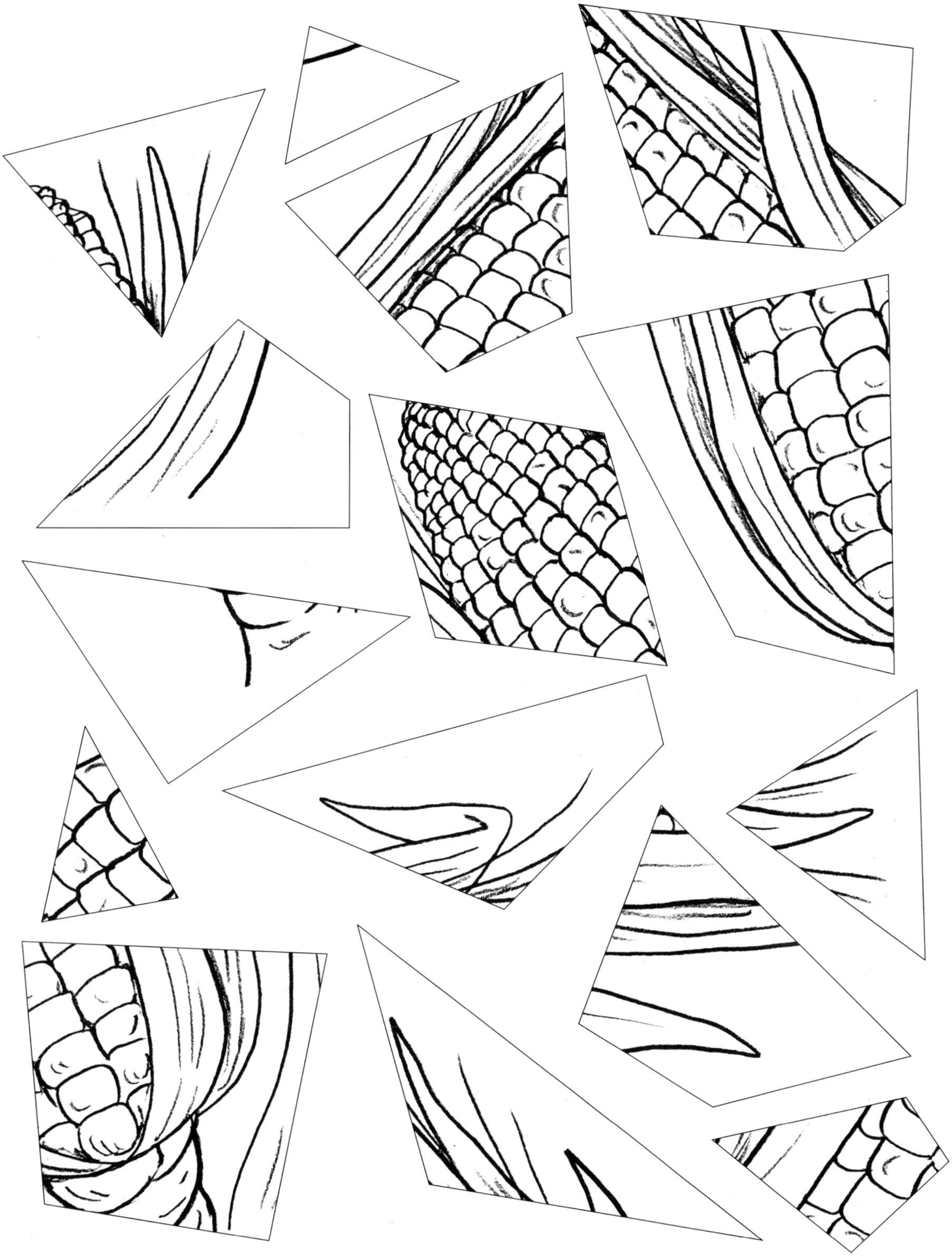

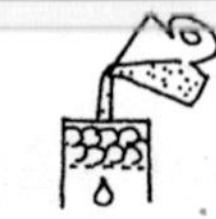

Die List des Königs

Vor etwa 300 Jahren kam die **Kartoffelpflanze** durch Seefahrer aus Südamerika zu uns nach Europa. Da es in dieser Zeit oft Hungersnöte gab, befahl der **Preußenkönig Friedrich der Große** den Bauern, Kartoffeln anzupflanzen. Die Bauern wussten mit dieser Frucht zunächst nichts anzufangen und nutzten sie wegen der hübschen Blüten als Zierpflanzen. Manche aßen auch die giftigen Beeren der Kartoffelpflanze anstelle der Knollen. Da soll sich der König eine List ausgedacht haben: Er ließ zum Schein seine Kartoffeläcker streng bewachen. Die Bauern dachten sich: „Was so streng bewacht wird, muss sehr wertvoll sein." Also stahlen sie nachts die Kartoffeln, kosteten sie und bauten sie schließlich selbst an.

① **Lies den Text. Kreuze an, welchen Trick Friedrich der Große benutzte.**

- ☐ **A** Der König sperrte alle in den Kerker, die keine Kartoffeln essen wollten.
- ☐ **B** Der König gab ein großes Festmahl mit vielen Kartoffelgerichten.
- ☐ **C** Der König ließ Kartoffeln anbauen und die Felder streng bewachen.
- ☐ **D** Der König machte Pommes frites aus den Kartoffeln.

Was wird heute alles aus Kartoffeln gemacht?

Nur ein Teil der Kartoffeln wird frisch verkauft. Der andere Teil wird in Fabriken roh oder gekocht verarbeitet. Sie werden geschält, geschnitten, zerrieben, gekocht oder gebacken. Aus rohen Kartoffeln werden Kartoffelchips und Pommes frites hergestellt. Aus gekochten und zerkleinerten Kartoffeln entstehen Kartoffelklöße und Kartoffelpüree.

② **a) Wie kommen bei dir zuhause Kartoffeln auf den Tisch? Notiere einige Beispiele.**

____

____

____

____

____

b) Wie magst du Kartoffeln am liebsten?

____

____

____

Wie die Kartoffelpflanze aufgebaut ist

Beschrifte die Teile der Kartoffelpflanze.

STÄNGEL • LAUBBLATT • WURZELN • MUTTERKNOLLE •
GIFTIGE BEEREN • BLÜTE • TOCHTERKNOLLEN

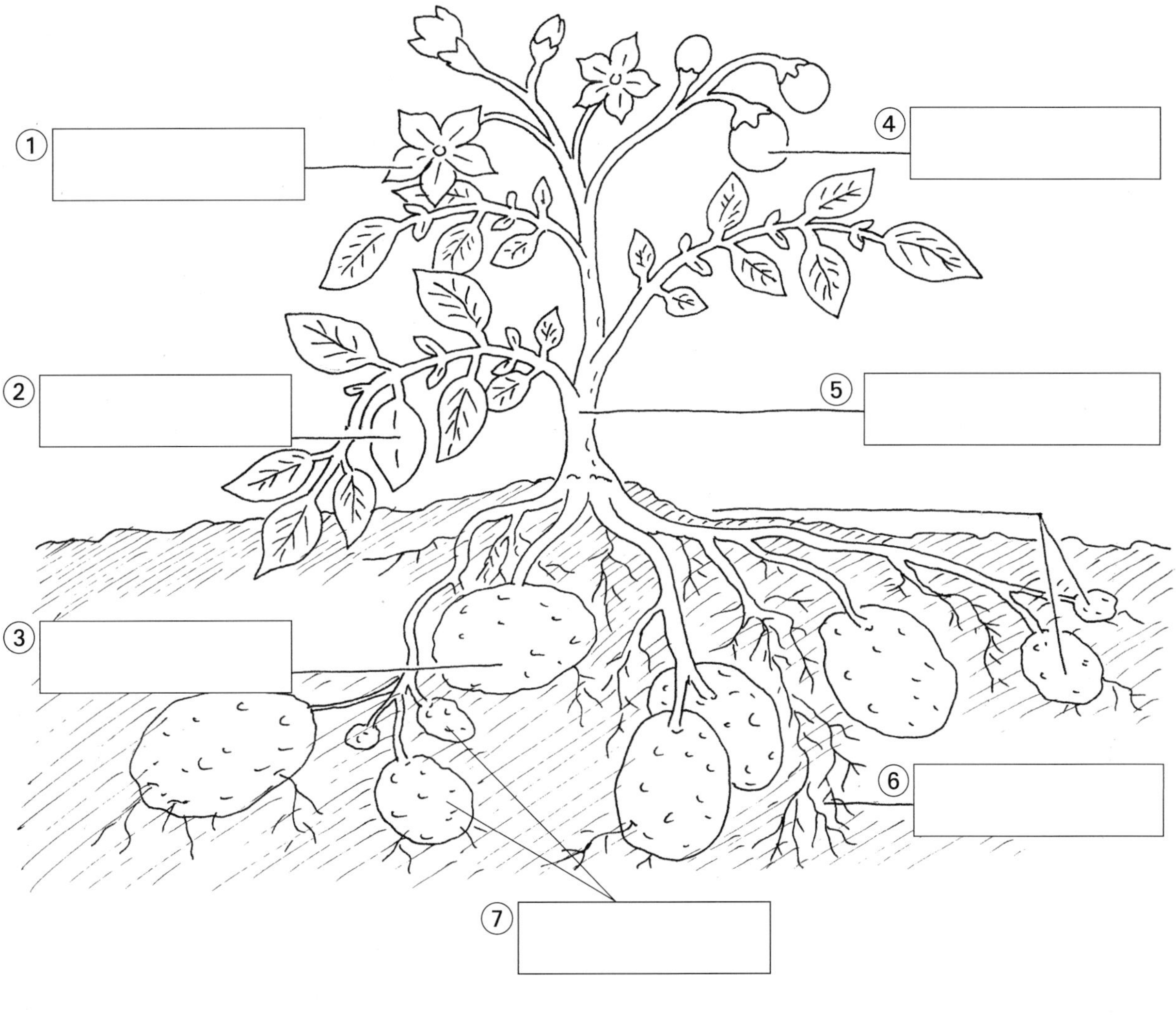

①

④

②

⑤

③

⑥

⑦

Die Entwicklung der Kartoffelpflanze

Lies die Texte. Nummeriere die Bilder in der richtigen Reihenfolge.

1
Die Pflanzkartoffel wird im Frühling in die Erde gesetzt. Aus den „Augen" dieser **Mutterknolle** wachsen bald kleine Keime.

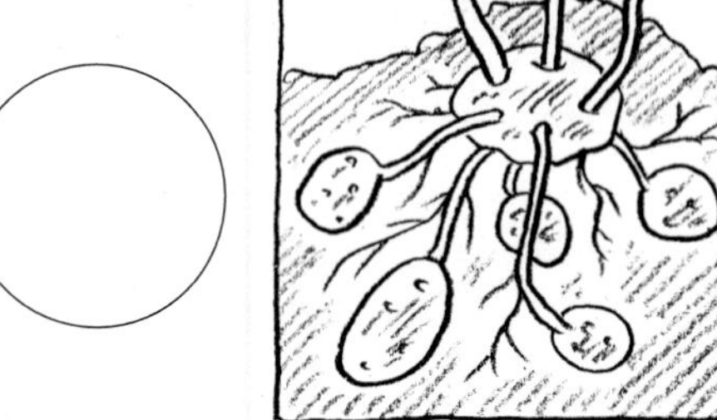

2
Einige Keime wachsen aus der Erde heraus. Aus ihnen entwickeln sich der **Stängel** und die **Laubblätter** der Pflanze.

3
Aus den unterirdischen Keimen entstehen Wurzeln und Ausläufer. Am Ende der **Ausläufer** wachsen neue Knollen, die **Tochterknollen.**

Damit viele Ausläufer wachsen, muss die Erde rund um die Pflanze immer wieder mit Erde bedeckt werden. Man nennt das „anhäufeln".

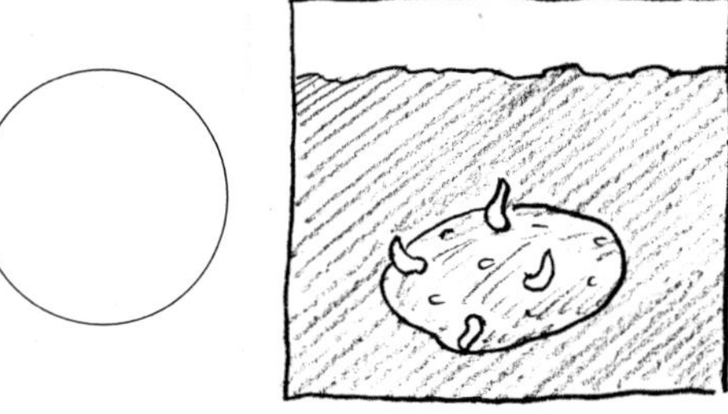

4
Die Mutterknolle versorgt die junge Pflanze mit allen Nährstoffen, die sie zum Wachsen braucht. Dabei schrumpft die Mutterknolle.

Im Sommer bildet die Pflanze **Blüten**. Daraus entstehen grüne Beeren. In den **Beeren** befinden sich Samen, aus denen neue Kartoffelpflanzen wachsen können. Die Beeren und alle anderen grünen Teile der Pflanze sind giftig.

5
Im Herbst verdorrt die Kartoffelpflanze. Nun sind die **essbaren Knollen** reif und können geerntet werden.

Wie kommt der Zucker in die Rübe?

① **Beschrifte die Zuckerrübe.**

Blätter • Rübenschwanz • Rübenkörper • Rübenhals

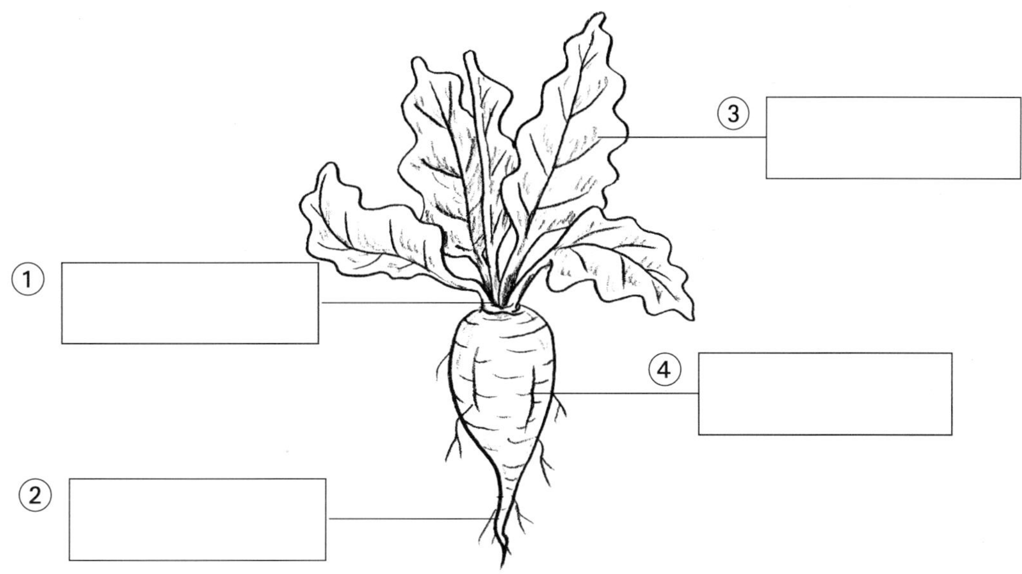

Von der Futterrübe zur Zuckerrübe

1747 entdeckte ein Wissenschaftler, dass Futterrüben einen geringen Anteil an Zucker enthalten. Um den Zuckergehalt zu erhöhen, mussten viele Versuche gemacht werden. Schließlich entstand aus der Futterrübe die **Zuckerrübe.**

Bisher wurde Zucker aus Zuckerrohr hergestellt und musste meist aus Südamerika eingeführt werden. 1802 entstand in Schlesien die erste Zuckerfabrik, die Zucker aus Zuckerrüben herstellte.

Die Blätter der Zuckerrübe bilden mithilfe der Energie aus der Sonne gelösten Zucker. Dieser wird im Rübenkörper gespeichert.

② **Wie kommt der Zucker in die Zuckerrübe? Beantworte die Fragen.**

a) Was benötigt die Pflanze, um gelösten Zucker zu bilden?

____

____

b) In welchen Pflanzenteilen entsteht gelöster Zucker?

____

____

c) Wo speichert die Pflanze den gelösten Zucker?

____

____

Wie Zuckerrübensirup entsteht

Dass Zuckerrüben viel Zucker enthalten, wisst ihr. Aber wie kann man das prüfen?

Arbeitet mit einem Partner. Führt den Versuch durch. Beschreibt die Arbeitsschritte.

Reinigen der Zuckerrübe

____

____

____

Zerkleinern

____

____

____

Erhitzen

____

____

____

Auspressen

____

____

____

Eindicken, bis Sirup und Zuckerkristalle entstehen

____

____

____

TIPP: Zuckerrübensirup schmeckt sehr gut auf Butterbrot.
Man kann damit Tee und Süßspeisen süßen.

Ganz schön viel Obst und Gemüse

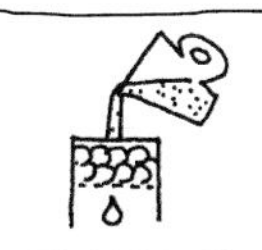

① **Informiere dich auf dem Wochenmarkt und im Supermarkt, welche Obst- und Gemüsesorten in Deutschland angebaut werden und welche in anderen Ländern.**

Obst und Gemüse aus Deutschland: ______________________________

____

Obst und Gemüse aus anderen Ländern: ___________________________

____

② **Welches Obst oder Gemüse ist wohl frischer? Begründe deine Meinung.**

____

____

Obst und Gemüse verdirbt schnell. Deshalb wird es in Fabriken mithilfe von Zucker, Kochen oder Einfrieren haltbar gemacht oder zu Fertigprodukten weiterverarbeitet.

③ **Untersuche die Regale im Supermarkt. Vergiss das Getränkeregal und die Tiefkühltruhe nicht.**
Finde heraus, wie Obst und Gemüse nach der Verarbeitung angeboten wird.

____

____

____

____

Hahn oder Henne?

Unsere Haushühner

Hähne tragen einen **großen roten Kamm** auf dem Kopf. Sie haben **lange, gebogene Schwanzfedern.** Diese weisen verschiedene Farben auf.

Hennen haben einen **kleineren Kamm** und **kurze Schwanzfedern.**

An Hähnen und Hennen sind unter dem Schnabel rote **Kehllappen** zu sehen. Hühner verfügen über einen **harten, spitzen Schnabel.**

An den Füßen befinden sich **vier Zehen.** Drei davon stehen nach vorne, eine kleinere Zehe ist nach hinten gerichtet. Hähne haben über der hinteren Zehe noch einen **spitzen Sporn,** den sie bei Hahnenkämpfen einsetzen.

Beschrifte Hahn und Henne mit den fettgedruckten Begriffen aus dem Text.

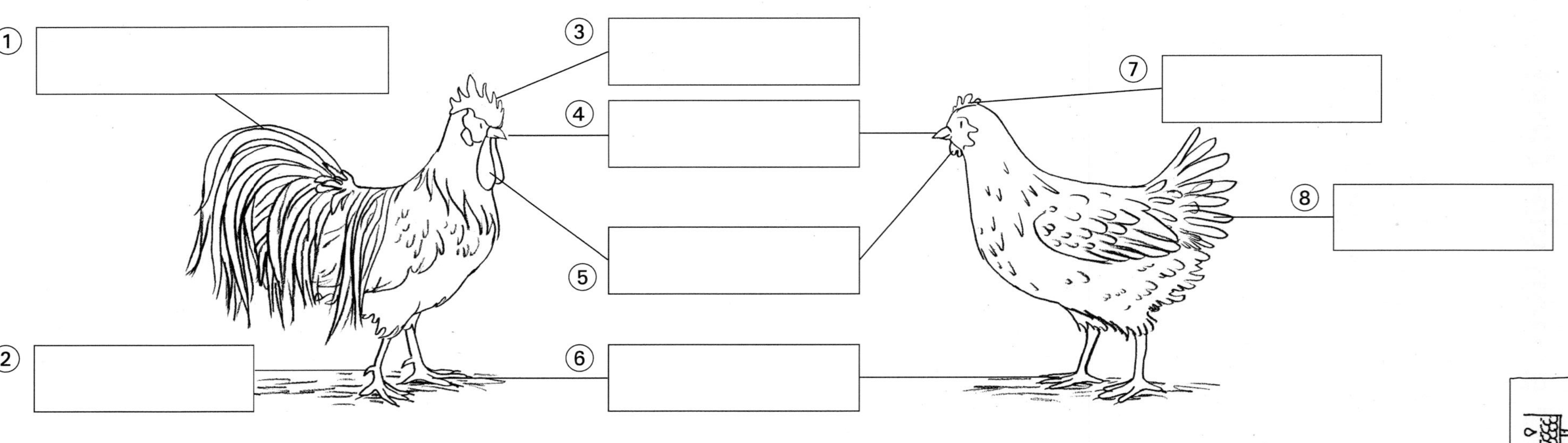

Können Hühner fliegen?

① **Lies den Text.**

Ein Hahn schreitet morgens stolz über den Hühnerhof. Seine langen Schwanzfedern schillern in der Sonne. Mit seinem lauten Kikeriki weckt er seine Umgebung. Hühner sind zwar Vögel, aber fliegen können sie nicht. Sie flattern und leben auf dem Boden.

Hahn und Henne scharren gerne mit ihren kräftigen Füßen am Boden. Dort finden sie Körner, Samen, Käfer, Schnecken und Würmer.

Die Henne legt ungefähr fünf Eier in der Woche. Es dauert 21 Tage, bis ein Küken aus dem Ei schlüpft. Die kleinen Küken können schon laufen, scharren, picken und fressen. Mama Huhn – die Glucke – passt gut auf ihre Küken auf, denn die kleinen Tiere haben viele Feinde. Dazu gehören Katzen, Füchse, Elstern, Möwen und Wiesel. Wenn Gefahr besteht, ruft die Glucke ihre Kinder zu sich. Manchmal geht sie auch auf die Feinde los. Sogar Katzen kann sie mit ihren scharfen Krallen in die Flucht schlagen.

② **Kreuze an und finde das Lösungswort.**

	ja	nein
1. Hähne und Hühner können fliegen.	A	K
2. Hühner fressen Samen, Würmer und Schnecken.	I	M
3. Ein Huhn legt fünf Eier im Monat.	S	K
4. Küken werden mit Milch aufgezogen.	H	E
5. Große Vögel und Katzen sind Feinde der Küken.	R	N
6. Küken schützen sich selbst gegen Feinde.	E	I
7. Hähne haben lange, farbige Schwanzfedern.	K	T
8. Nach 12 Tagen schlüpft ein Küken aus dem Ei.	P	I

Lösung: ____ ____ ____ ____ ____ ____ ____ ____
1 2 3 4 5 6 7 8

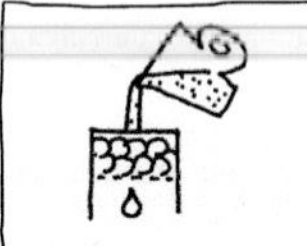

Eier – Eier – Eier

Eier werden auf viele Arten verarbeitet. Sie können als ganzes Ei, als Flüssigei oder als Eipulver eingesetzt werden. Manchmal wird auch nur das Eiweiß oder nur das Eigelb gebraucht.

① **Welche Nahrungsmittel enthalten Eier? Male richtige Felder aus.**

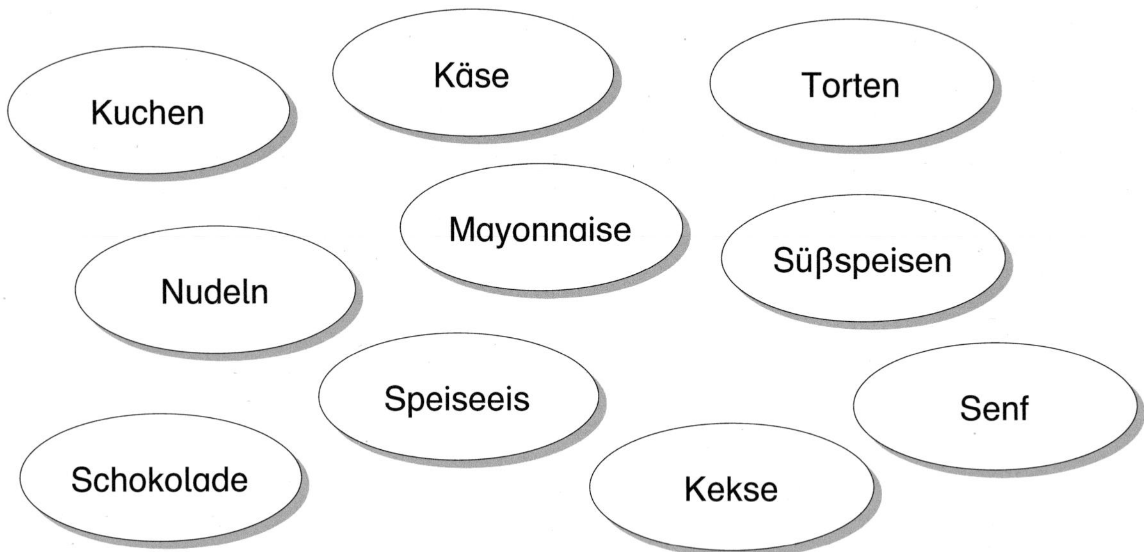

② **Für welche Gerichte brauchen wir Eier? Kennzeichne die richtigen Felder.**

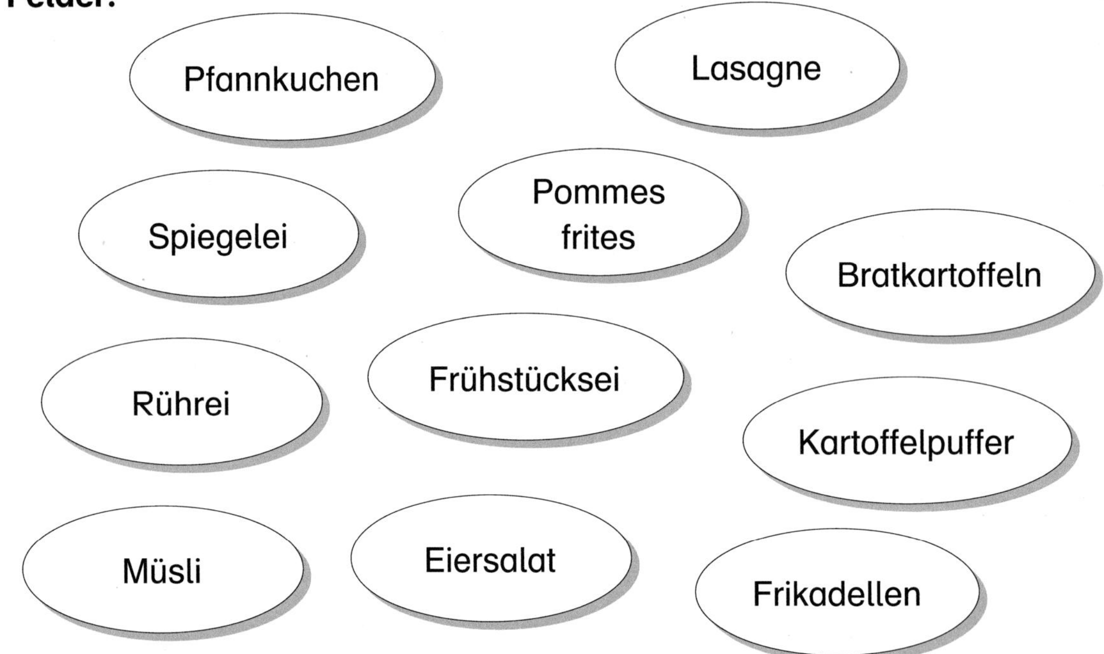

③ **Wie magst du Eier am liebsten? Schreibe auf.**

____

Augen auf beim Eierkauf

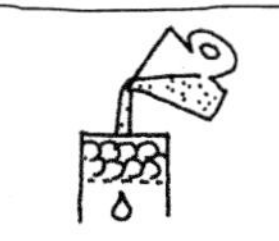

Eiern kannst du von außen nicht ansehen, aus welchem Land sie kommen und wie die Henne gelebt hat. Deshalb muss jedes Ei, das verkauft wird, einen Stempel tragen. Die Zahlen des Stempels verraten dir mehr über die Herkunft der Eier.

Kennziffern:				
	0	für Biohaltung	DE	für Deutschland
	1	für Freilandhaltung	NL	für Niederlande
	2	für Bodenhaltung	F	für Frankreich …
	3	für Käfighaltung		

Die restliche Zahlenkette gibt den Wohnort, die Adresse des Hühnerhofs und die Stallnummer an.

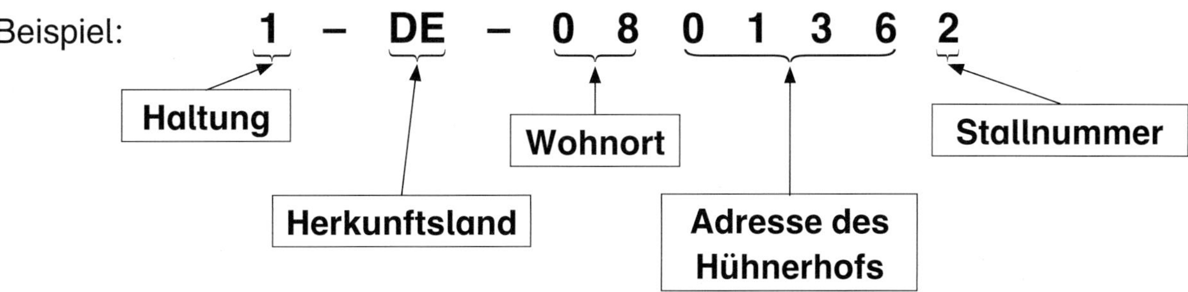

① **Erkunde in drei verschiedenen Geschäften, welche Eier angeboten werden. Notiere jeweils die Stempel der Eier.**

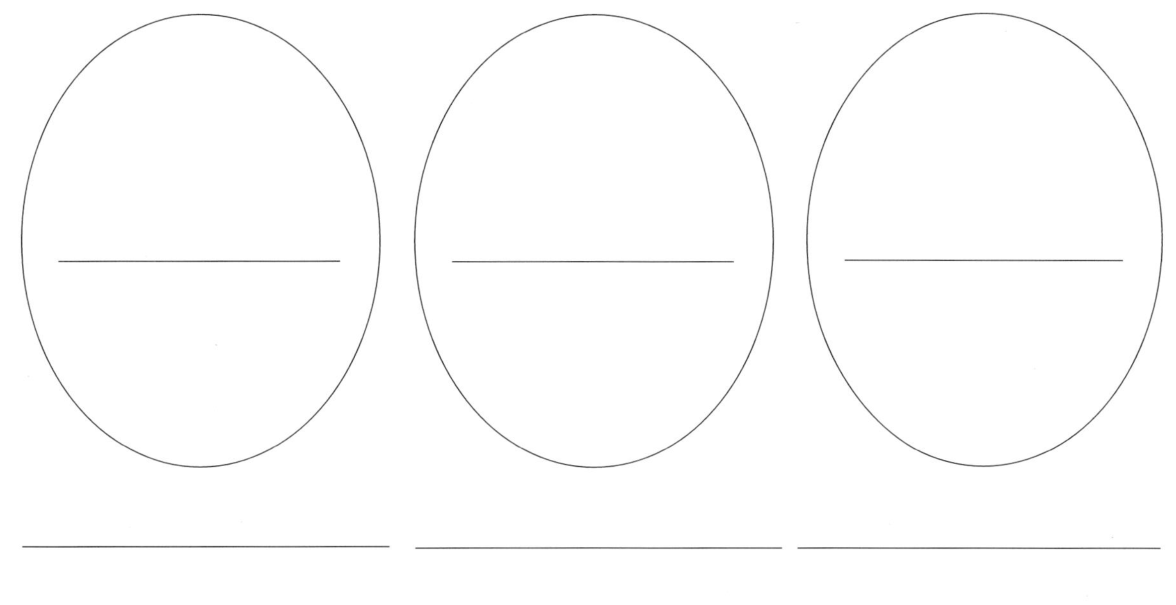

② **Schreibe unter die Eier die Haltung der Henne und das Herkunftsland.**

Das Rind – ein Nutztier

① **Lies den Text.**

② **Lies den Text noch ein zweites Mal und unterstreiche dabei wichtige Wörter.**

Viele Jahrtausende wurden Wildrinder wegen ihres Fleisches von Menschen gejagt. Vor etwa 8000 Jahren gelang es, Wildrinder zu zähmen. Alle europäischen Hausrinder stammen vom Auerochsen ab, der im 17. Jahrhundert ausstarb. Auf der ganzen Welt leben etwa 450 Rinderrassen. In Deutschland gibt es „Schwarzbunte“ und „Rotbunte“, „Fleckvieh“ und „Braunvieh“.

Rinder versorgen den Menschen mit Milch und Fleisch. Häute und Felle werden in der Bekleidungsindustrie verarbeitet.

Rinder können etwa 3 m lang werden und ein Gewicht von 1300 kg erreichen. An ihrem langen Schwanz befindet sich eine Haarquaste. Der Schwanz ist immer in Bewegung, um lästige Fliegen und Bremsen zu verscheuchen. Rinder sind Hornträger. Sie können ihre Hörner als Waffe einsetzen.

Ein Rind braucht etwa 60 kg Futter am Tag. Das Grundfutter besteht aus Gras, Silage (das ist eingelagertes Futter), Getreideschrot und Heu. Zusätzlich erhalten die Tiere Kraftfutter und Ergänzungsfutter, das die Milchproduktion steigert. Außerdem trinkt ein Rind ungefähr 90 l Wasser am Tag.

③ **Was liefern uns Rinder? Verbinde mit den richtigen Kästen.**

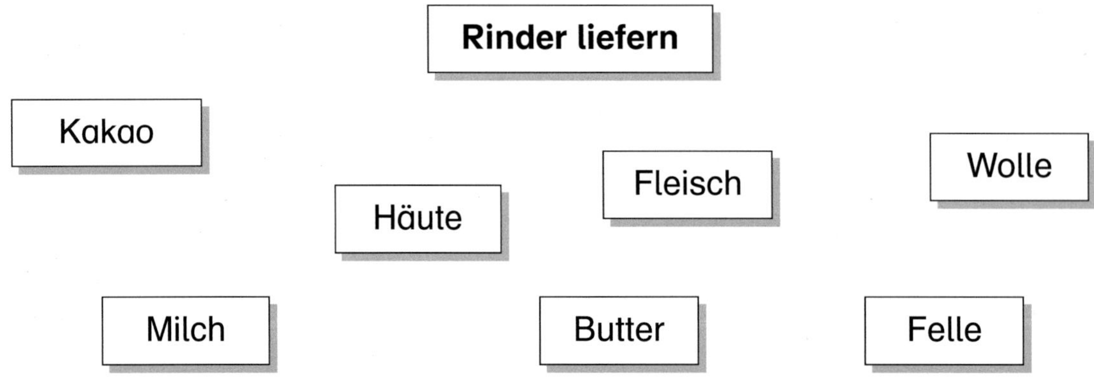

Vom Kuhstall in den Kühlschrank

② **Überlege dir, wie die Milch vom Kuhstall in den Kühlschrank kommt.**

② **Nummeriere die Bilder in der richtigen Reihenfolge.**

③ **Ordne den Bildern die passenden Begriffe zu.**

ABFÜLLANLAGE • MILCHTANK • KÜHLSCHRANK • MILCHWAGEN •
LASTWAGEN • MELKMASCHINE • SUPERMARKT

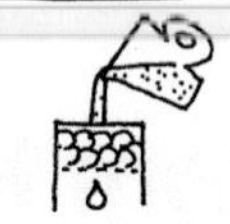

Schweine-Experte werden (1)

Wie sehen unsere Hausschweine aus?

Unsere Hausschweine stammen vom Wildschwein ab. Alle Schweinerassen haben einen großen kegelförmigen Kopf, einen kurzen Hals und **kurze Beine.** Die lange Schnauze können sie bewegen. Am vorderen Ende der Schnauze befindet sich eine **Rüsselplatte** mit zwei **Nasenlöchern.**
Die **kleinen Augen** sitzen ziemlich hoch am Kopf. Schweine haben **spitze Ohren,** die meist nach vorne hängen. Bei einigen Schweinerassen trägt der **Ringelschwanz** eine Quaste.

① **Beschrifte das Hausschwein. Verwende die fettgedruckten Begriffe aus dem Text.**

② **Ergänze den Steckbrief vom Hausschwein.**
Informationen findest du in Tierbüchern oder im Internet.

Steckbrief: Das Hausschwein

Bezeichnungen:

Mutter: ____________ **Vater:** ____________ **Kind:** ____________

Größe: ______________________________

Alter: ______________________________

Aussehen: ______________________________

Nahrung: ______________________________

Besonderheit: ______________________________

Schweine-Experte werden (2)

③ **Kannst du diese Fragen auch beantworten? Verbinde.**

Wie viele Ferkel kann eine Sau in einem Wurf bekommen?	3 Monate, 3 Wochen und 3 Tage
Wie oft kann das in einem Jahr geschehen?	3 Wochen
Wie lange dauert es, bis die Ferkel geboren werden?	14
Wie lange werden die Ferkel von der Muttersau gesäugt?	zweimal

④ Wusstest du, dass in den meisten Gummibärchen Schwein enthalten ist?

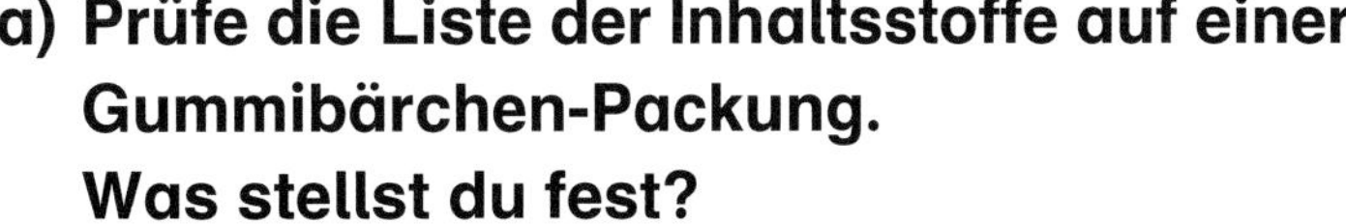

a) Prüfe die Liste der Inhaltsstoffe auf einer Gummibärchen-Packung. Was stellst du fest?

____

____

____

____

b) Stimmen die Aussagen? Kreuze an.

	richtig	falsch
1. Gummibärchen enthalten immer Schweine-Gelatine.	EN	GE
2. Ein Ersatzstoff für Gelatine ist Stärke.	LA	IT
3. Wenn ich kein Schwein essen darf, muss ich auf Gummibärchen verzichten.	EG	TI
4. Es gibt Gummibärchen mit Rinder-Gelatine.	NE	ST

Lösungswort: ______ ______ ______ ______
1 2 3 4

Kennst du dich mit Schafen aus?

Steckbrief: Schaf

Bezeichnungen:
männliches Schaf = Widder, Bock
Jungtiere = Lämmer

Abstammung: von Wildschafen (Mufflons)

Alter: 10 bis 12 Jahre, Mutterschafe 5 bis 6 Jahre

Nahrung: Grünfutter (Gras, Kräuter, Blumen)

Fortpflanzung: Das Muttertier bringt nach etwa 150 Tagen im Frühjahr ein oder zwei Lämmer zur Welt. Schafe haben zwei Euterhälften mit je einer Zitze, sodass für jedes Lamm eine Zitze zur Verfügung steht.

Schafe als Nutztiere: Seit etwa 5000 Jahren werden Schafe als Haustiere gehalten. Sie liefern Wolle, Milch, Fleisch und Felle. Aus Schafwolle werden Decken, Matratzen und Garne hergestellt.

Schafe als Landschaftspfleger: Schafe werden auf Deichen, in der Heide oder in den Bergen eingesetzt. Wie lebendige Rasenmäher halten sie dort das Gras kurz und verhindern, dass Landschaften verwildern. Nebenbei düngen sie mit ihrem Kot noch den Boden.

Kreuze an und finde die richtige Lösung.	**richtig**	**falsch**
1. Schafe sind Allesfresser.	**AU**	**LA**
2. Ein männliches Schaf nennt man Widder.	**ND**	**SE**
3. Schafe liefern Wolle für Decken und Matratzen.	**SC**	**TS**
4. Schafe werden 20 Jahre alt.	**UB**	**HA**
5. Lämmer werden im Herbst geboren.	**NO**	**FT**
6. Schafe tragen Hörner.	**SP**	**VA**
7. Ein Mutterschaf hat vier Zitzen.	**LB**	**FL**
8. Aus Schafsmilch wird Käse hergestellt.	**EG**	**HS**
9. Mufflons sind Wildschafe.	**ER**	**NF**

Lösung: ___ ___ ___ ___ ___ ___ ___ ___ ___
1 2 3 4 5 6 7 8 9

Woher die Wolle kommt

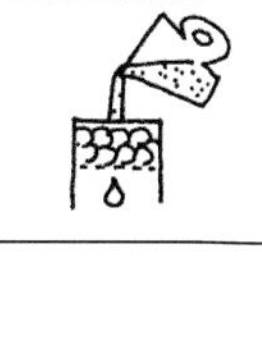

① **Lies den Text mit einem Partner.**

Ab April oder Mai brauchen Schafe ihre wärmende Wolle nicht mehr. Nun werden sie geschoren. Die Tiere werden einzeln zum Schafscherer gebracht. Er hält das Schaf fest und beginnt mit dem Scherapparat an den Beinen und am Bauch.
Ein Schaf liefert ungefähr 4 kg Wolle. Die Wolle muss in einem Stück bleiben, dem Vlies. Ein Helfer schüttelt das Vlies aus, damit der grobe Schmutz herausfällt. Nun werden die Vliese gelüftet und getrocknet. Danach kommen sie in Wollsäcke.
So ein Sack wiegt ungefähr 80 kg.
Die Säcke werden in die Wollkämmerei gebracht. Hier werden die Vliese in riesigen Waschmaschinen etwa sechsmal gewaschen und gespült. Danach wird das Wasser aus ihnen herausgepresst. Schließlich kommen sie in einen riesigen Trockner.
In der Kämmmaschine ordnen grobe Kämme die Fasern in eine Richtung und strecken sie dabei vorsichtig.
In der Spinnerei wird Garn daraus gemacht und auf große Spulen gewickelt.
In der Färberei wird stundenlang heiße Farbflüssigkeit durch das Garn gepumpt. Zum Schluss wird das Garn noch zu kleinen Knäueln gewickelt, die wir dann in den Läden kaufen können.

② **Verbinde nun in der richtigen Reihenfolge.**

Wollsack	**Wollkämmerei**
waschen, spülen, trocknen	**Spinnerei**
Vlies ←	**Schafscherer**
große Spulen	**lüften, trocknen**
Färberei	**Wollknäuel**

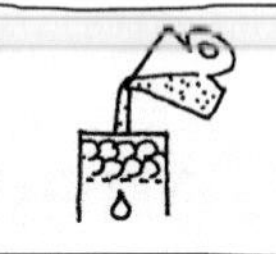

Gefräßige Ziegen

Schwänzchen	Hörner	Bock		
Milch	Jahre	Käse	Herde	
angebunden	Wolle	Decken	Ziege	Geißlein
Geiß	Fleisch	Stoffe	Zicklein	klettern

Trage in den Lückentext die richtigen Begriffe ein.
Arbeite mit einem Partner.

Ziegenmännchen heißen ________________, Weibchen nennt man ____________ oder ____________. Junge Ziegen sind ___________ oder ___________.

Ziegen können 15 ___________ alt werden und wiegen ausgewachsen etwa 80 kg. Alle Ziegen tragen ___________. Manchmal werden diese nach der Geburt entfernt, damit sich die Tiere in der ___________ nicht verletzen. Das kurze ______________________ steht bei Ziegen aufrecht.

Ziegen sind sehr gefräßig. Sie vertilgen Blätter, Gemüse, Kräuter, Gras, Brennnesseln und sogar Disteln. Damit sie nicht alles kahlfressen, werden sie meist ______________________. Weil die Tiere sehr gut ___________, können sie auch in bergigen Gebieten leben.

Eine Ziege gibt im Jahr etwa 600 l ___________, die meist zu ___________ verarbeitet wird. Außerdem nutzen wir das ___________ und das Leder.

Es gibt auch Ziegen, die wegen ihrer Haare gezüchtet werden: Angoraziegen und Kaschmirziegen. Ihre ___________ ist besonders fein. Daraus werden Teppiche, ___________, Garne und ___________ hergestellt.

Farmer Tom

① **Draw lines. What's the English word for ...**

Bauer	eggs	Käse	farmhouse
Berg	hands	Hühner	cows
Eier	hill	Bauernhaus	cheese
Hände	farmer	Kühe	hens

② **Fill in the missing words.**

Tom is an old ______________. He lives with his wife in an old farmhouse on the ______________. They have got four

______________ and ten ______________. Every morning the farmer's wife milks the cows with her

______________.

She makes ______________ out of the milk.

Tom takes the cows to the willow. Then he feeds the hens and collects their

______________.

Every Friday morning Tom and his wife go down the hill to the next village.

They sell ______________ and ______________ on the market. In the evening they go back to their

______________.

Different farm animals

Match the pictures with the words.

duck

sheep

pig

goose

dog

goat

cow

cat

chicken

horse

Farm animals and their babies (domino)

	piglet		hen
	chick		cow
	calf		horse
	foal		sheep
	lamb		duck
	duckling		pig

Fantasiereise

Stell dir vor, du fährst in einem Heißluftballon und schaust auf die Landschaft hinunter. Du siehst einen Fluss, der sich durch die Landschaft schlängelt. Auf beiden Seiten des Flusses befinden sich Felder und Äcker. Die Felder haben verschiedene Formen: Rechtecke, Quadrate, Dreiecke. Zwischen den Feldern gibt es Ackerwege.
Du kannst nicht erkennen, was auf den Feldern wächst, aber du siehst viele verschiedene Farben: hellbraun, dunkelbraun, hellgelb, leuchtend gelb, ocker, hellgrün, dunkelgrün.

Male dein eigenes Fantasiebild.

Du brauchst:

Zeichenblock

Bleistift

Wasserfarbkasten (Tuschkasten)

Wassergefäß

Borstenpinsel in verschiedenen Größen

So wird es gemacht:

① Zeichne mit dem Bleistift einen Fluss.

② Zeichne nun auf beiden Seiten des Flusses viele Ackerwege ein. Durch die Wege hast du das Bild in Felder eingeteilt.

③ Male nun die Felder mit Wasserfarben (Tusche) aus. Nimm wenig Wasser, damit die Farben leuchten.

④ Schließlich kannst du die Wege und den Fluss noch einmal nachmalen.

Schafherde

Du brauchst:

Fotokarton in braun, grau oder schwarz
Bleistift
Schere
Klebestift
Watte
schwarzen Filzstift

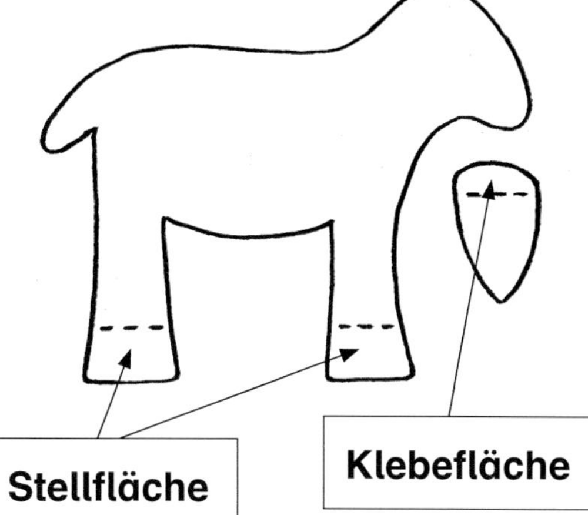

So wird es gemacht:

① Zeichne die Umrisse eines einfachen Schafes – zum Beispiel wie oben rechts – auf Fotokarton.

② Zeichne ein zur Größe passendes Ohr.

③ Schneide beide Schablonen aus.

④ Übertrage die Umrisse nochmals auf Fotokarton.

⑤ Schneide auch diese Schablonen aus.

⑥ Klebe die Ohren mit der Klebefläche an den Kopf.

⑦ Beklebe beide Körper auf einer Seite bis zur gestrichelten Linie mit Watte. Lass dabei das Gesicht und die Ohren frei.

⑧ Wenn der Kleber trocken ist, klebst du die Körper bis zur gestrichelten Linie zusammen.

⑨ Knicke die Füße an der gestrichelten Linie nach außen, damit dein Schaf stehen kann.

⑩ Male noch das Gesicht mit Filzstift auf beiden Seiten auf.

Ihr könnt eure Schafe jetzt zu einer großen Herde zusammenstellen.

Old Mac Donald had a farm

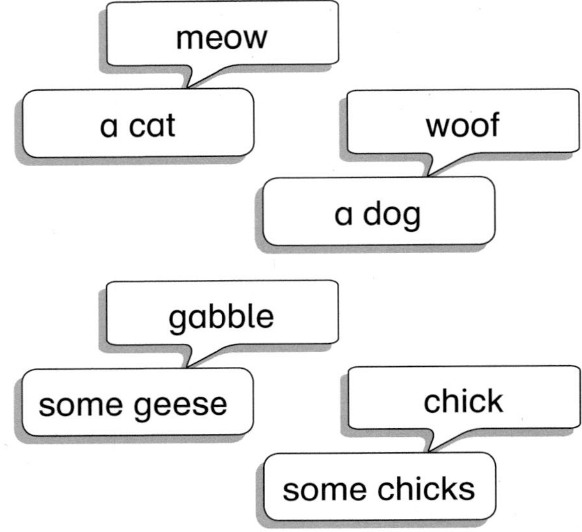

2. Old Mac Donald had a farm.
Ee-i-ee-i-oh!
And on that farm he had a cow.
Ee-i-ee-i-oh!
With a moo-moo here,
and a moo-moo there,
here a moo, there a moo,
everywhere a moo-moo.
Old Mac Donald ...

3. Old Mac Donald had a farm.
Ee-i-ee-i-oh!
And on that farm he had a pig.
Ee-i-ee-i-oh!
With an oink-oink here,
and an oink-oink there,
here an oink, there an oink,
everywhere an oink-oink.
Old Mac Donald ...

4. Old Mac Donald had a farm.
Ee-i-ee-i- oh!
And on that farm he had a horse
Ee-i-ee-i-oh!
With a neigh-neigh here,
and a neigh-neigh there,
here a neigh, there a neigh,
everywhere a neigh-neigh.
Old Mac Donald ...

① **Lernt und singt das Lied gemeinsam.**

② **Bildet Gruppen und ordnet jeder Gruppe ein Tier zu. Nehmt die Tiere oben rechts dazu.**

Der Hahn ist tot (Kanon)

Französisches Volkslied, Verfasser unbekannt

Englische Version:
The cock is dead, the cock is dead,
the cock is dead, the cock is dead.
He will never cry co cock-a-doodle-doo,
he will never cry co cock-a-doodle-doo,
co co co co co co cock-a-doodle-do.

Französische Version:
Le coq est mort, le coq est mort.
le coq est mort, le coq est mort.
Il ne dira plus cocodi, cocoda,
il ne dira plus cocodi, cocoda,
coco coco coco cocodi cocoda.

① **Übt das Lied „Der Hahn ist tot" alle zusammen. Singt es dann im Kanon. Schafft ihr auch die englische und französische Version?**

② **Wenn ihr das gut könnt, versucht folgendes: Eine Gruppe fängt mit dem Kanon in Deutsch an, eine zweite Gruppe steigt mit dem englischen Text ein und eine dritte mit dem französischen. Habt ihr das auch geschafft? Ganz schön schwierig, oder?**

Hühnerhaltung

① **Lies die Texte zur Hühnerhaltung.**

Käfighaltung
Legehennen werden in sehr engen Käfigen gehalten. Lege zwei DIN-A4-Blätter zusammen. So groß ist ungefähr ein Käfig, in dem vier Hennen leben. Die Käfige sind in mehreren Reihen übereinandergestapelt. Die Tiere können sich kaum bewegen. Fließbänder versorgen die Tiere mit Futter und Wasser. Auch die Eier werden so wegtransportiert.

Freilandhaltung
Legehennen leben in Bodenhaltung, können aber tagsüber ins Freie gehen. Auf einer eingezäunten Wiese gibt es für sie Unterstände als Schutz vor Regen und Sonne. Sie können ungehindert scharren und picken. Bei Freilandhaltung sind Hennen der Gefahr ausgesetzt, dass sie von Feinden wie Greifvögeln gefressen werden. Außerdem können Krankheiten wie die Vogelgrippe von freilebenden Vögeln auf die Tiere übertragen werden.

Bodenhaltung
Legehennen werden in großen Hallen gehalten. Sie bewegen sich frei, können aber nicht ins Freie gehen. Die Ställe verfügen über Sitzstangen, Legenester, Futtertröge und Wassertränken. Der Boden ist mit Hobelspänen und Stroh ausgestreut, damit die Vögel ausreichend scharren können. Es gibt Sandbadekästen zur Federpflege. Auch für Abwechslung ist gesorgt. Die Hühner können sich an Stroh- oder Heuballen und Picksteinen beschäftigen.

Biohaltung
Legehennen in Biohaltung können in Boden- und Freilandhaltung leben. Der größte Unterschied ist die Art des Futters. Sie bekommen nur Futter, das natürlich gewachsen ist und nicht mit chemischen Spritzmitteln behandelt wurde. Eier aus Biohaltung sind etwas teurer als die anderen.

② **Arbeitet zu zweit.**
Von welchen Hühnern würdet ihr euer Frühstücksei am liebsten essen? Begründet eure Meinung.

____

____

____

____

____

③ **Sprecht alle zusammen in der Klasse darüber.**

Auch Nutztiere haben Rechte

① **Lies die Texte zur Tierhaltung in den Kästen.**

Massentierhaltung

Die Tiere …

- … leben in sehr engen Ställen.
- … bekommen spezielles Mastfutter, das die Fleisch-, Milch- oder Eierproduktion anregt.
- … werden vorbeugend mit Medikamenten behandelt, die sich auch im Fleisch der geschlachteten Tiere wiederfinden.
- … bekommen wenig Licht und frische Luft.
- … haben zu wenig Bewegung, dadurch verkrüppeln oft ihre Füße.
- … sind gestresst und werden aggressiv. Dabei verletzen sie sich und ihre Artgenossen.

Lebend-Tiertransporte

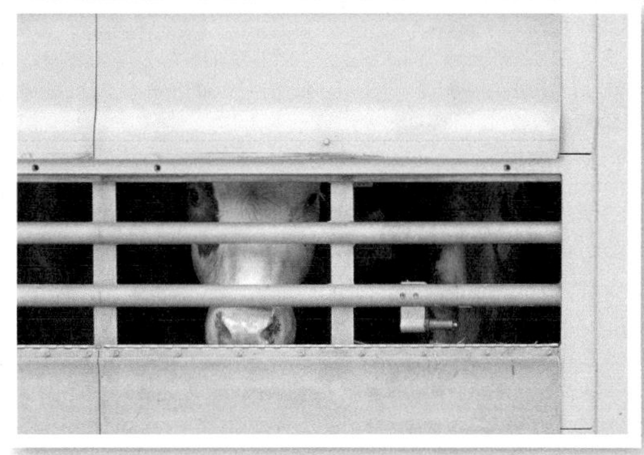

Die Tiere …

- … sind in Transportern oft tagelang unterwegs.
- … werden nicht gefüttert und bekommen kein Wasser.
- … stehen oft in zwei- und dreistöckigen Wagen.
- … haben manchmal noch nicht einmal genug Platz, um den Kopf zu heben.

Folgen sind häufig gebrochene Beine, offene Wunden und sogar tote Tiere.
In den letzten Jahren wurden strengere Gesetze eingeführt, um den Tieren den Transport erträglicher zu machen.

② **Sprecht in der Klasse darüber:**

- Was können wir als Verbraucher tun?
- Ist die Information über Tiertransporte und Massentierhaltung wichtig?
- Was sollten wir beim Fleischeinkauf beachten? Muss es unbedingt billiges Fleisch sein?
- Unterhaltet euch über folgenden Satz: „Jeder hat die Macht, mit seinem eigenen Verhalten zum Wohl der Tiere beizutragen!“

③ **Erarbeitet in Gruppen Plakate zu den Themen Tiertransporte und Massentierhaltung. Stellt eure Plakate in der Schule aus.**

Lösungen Wahrnehmung/Konzentration

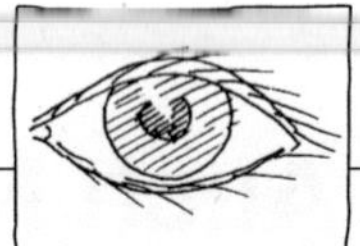

Wie viele gleiche Tiere findest du? — Seite 10

Ich habe 7 Gänse, 9 Enten und 8 Hühner gefunden.

Schau genau — Seite 11

Lösungen Deutsch

Was gibt es alles auf dem Bauernhof? — Seite 12

① Schweinestall Getreidefeld Bauernhaus Kuhweide Milchkanne Misthaufen

② Ein Bauernhaus ist ein Haus, in dem Bauern wohnen.
Eine Milchkanne ist eine Kanne für die Milch.
Ein Getreidefeld ist ein Feld, auf dem Getreide wächst.
Eine Kuhweide ist eine Weide, auf der Kühe stehen.
Ein Misthaufen ist ein Haufen, auf dem Mist gesammelt wird.

Begriffe rund um den Bauernhof — Seite 13

Gebäude: Scheune, Stall, Futtersilo, Wohnhaus
Geräte: Schubkarre, Milchkanne, Heuwender, Mistgabel
Erzeugnisse: Gemüse, Kartoffeln, Getreide, Fleisch
Fahrzeuge: Traktor, Mähdrescher
Tiere: Rinder, …
Personen: Bauer, Bäuerin

Ein Ausflug auf den Schaubauernhof — Seite 14/15

② a) Die Kuh bekam bald ein Kalb. Die anderen Kühe waren auf der Weide.
b) Ronnis Leibgericht sind Schweineschnitzel.
c) Die Ferkel stritten um die Zitzen der Muttersau.
d) Bauer, Bäuerin und die Kinder bildeten eine Menschenkette.
e) Jeder bekam ein Glas frische Kuhmilch.

Zerlegte Landmaschinen — Seite 16

Traktor, Mähdrescher, Ackerwalze, Strohpresse, Heuwender, Saatmaschine, Melkmaschine, Erntemaschine, Mähmaschine, Mistbreiter

Lösungen Deutsch

Ein Tier – viele Tiere — Seite 17

eine Kuh – sieben Küh**e**
ein Schwein – vier Schwein**e**
eine Ente – neun Ente**n**
ein Schaf – acht Schaf**e**
ein Lamm – fünf Lämm**er**

eine Gans – fünf Gäns**e**
ein Hund – drei Hund**e**
eine Katze – vier Katze**n**
ein Kalb – drei Kälb**er**

ein Hahn – zwei Hähn**e**
ein Pferd – zwei Pferd**e**
ein Stier – zwei Stier**e**
eine Ziege – vier Ziege**n**

Tierfamilien — Seite 18

Henne	Hahn	Küken
Hündin	Rüde	Welpe
Sau	Eber	Ferkel
Ente	Erpel	Küken

Schaf	Schafbock	Lamm
Kuh	Stier	Kalb
Stute	Hengst	Fohlen

Alle helfen mit — Seite 20/21

② 1. Zeile 1: Annabel, Max, Eltern, Großeltern
2. Zeile 7: Mutter melkt die Kühe und reinigt die Melkmaschine.
Zeile 8: Max bringt die Kühe auf die Weide.
Zeile 10: Vater fährt den Mist auf den Misthaufen und streut frisches Stroh in den Stall.
Zeile 11: Annabel sammelt die Eier ein.
Zeile 12: Opa füttert den Hund und die Katzen.
Zeile 13: Oma bereitet das Frühstück vor.
3. Im Hofladen werden Milch, Eier, Marmelade, Brot, Gemüse, Käse, Mützen und Schals verkauft.
4. Zeile 30: Kühe in den Stall bringen, Kühe melken, Schweine füttern, Hof kehren, Hofladen schließen, Brot backen
5. Zeile 35: Die Aufgaben für den nächsten Tag werden besprochen.
6. Der Wetterbericht ist für die Familie wichtig, weil die Feldarbeit vom Wetter abhängig ist.

Bauernhoftiere suchen — Seite 23

S	E	R	**K**	H	F	Ü	C	H	S	E
C	B	H	**A**	K	L	Ä	T	**G**	C	V
H	**Ü**	**H**	**N**	**E**	**R**	G	I	**Ä**	M	S
N	N	U	**I**	J	L	P	G	**N**	W	Q
E	**R**	**I**	**N**	**D**	**E**	**R**	E	**S**	F	B
C	L	Ü	**C**	M	J	R	R	**E**	Z	H
K	**S**	**C**	**H**	**W**	**E**	**I**	**N**	**E**	N	**K**
E	R	Z	**E**	B	J	K	O	**N**	M	**A**
N	E	B	**N**	M	K	**S**	B	**T**	S	**T**
M	A	R	D	E	R	**C**	J	**E**	O	**Z**
T	I	G	E	R	U	**H**	**U**	**N**	**D**	**E**
Z	Ü	S	C	H	L	**A**	N	G	E	**N**
C	D	F	K	L	**P**	**F**	**E**	**R**	**D**	**E**
F	R	Ö	S	C	H	**E**	R	Z	B	**V**

Lösungen Deutsch

Im Kuhstall — Seite 24

④ Nomen (Substantive): Kühe, Sauberkeit, Bäuerin, Milchkannen, Tür, Milchauto, Milch, Molkerei, Bauer, Kühe, Weide, Stall, Schluss, Stroh, Kuhstall

Verben: brauchen, melkt, stellt, kommt, angefahren, bringt, führt, mistet, streut

⑤ Adjektive: voll, sauber

Tiersprachen — Seite 27

② viele Kühe **muhen**	eine Kuh **muht**
viele Schafe **blöken**	ein Schaf **blökt**
viele Ziegen **meckern**	eine Ziege **meckert**
viele Gänse **schnattern**	eine Gans **schnattert**
viele Schweine **grunzen**	ein Schwein **grunzt**
viele Hühner **gackern**	ein Huhn **gackert**
viele Pferde **wiehern**	ein Pferd **wiehert**

Das Gedicht von unserem Brot — Seite 28

Unser Brot
Als Körnlein gesät,
als Ähren gemäht,
gedroschen im Takt,
gesiebt und gesackt,
dann hurtig und fein
gemahlen vom Stein,
geknetet und gut
gebräunt in der Glut,
liegt's duftend und frisch
als Brot auf dem Tisch.

Lösungswort: Getreide

So kann Brot sein — Seite 29

① hell	dunkel	schmackhaft	ungenießbar
weich	knusprig	würzig	fad
alt	frisch	körnig	fein

② **Dunkles** Roggenbrot ist gesünder als **helles** Weizenbrot.
Das **ungenießbare** Brot bekommen die Schweine.
Das **alte** Brot vom Vortag wird billiger verkauft.
Max mag am liebsten die **knusprige** Brotrinde.
Opa isst lieber **weiches** Brot.
In der Backstube riecht es immer nach **frischem** Brot.
Mutter kauft das **würzige** Kartoffelbrot.
Auf das **körnige** Vollkornbrot streicht Anna frische Butter.

Lösungen Deutsch

Rund um die Kartoffel — Seite 30

1. Kartoffelprodukte

Ofenkartoffeln
Kartoffelklöße
Kartoffelsuppe
Kartoffelchips
Pellkartoffeln
Kartoffelbrot
Kartoffelsalat
Salzkartoffeln
Kartoffelpuffer
Bratkartoffeln
Kartoffelbrei

2. Das kannst du nicht essen

Kartoffelpflanze
Kartoffelsack
Kartoffelfeld
Kartoffelfeuer
Kartoffeltopf
Kartoffelernte
Kartoffelschale

Was aus Milch gemacht wird — Seite 31

① Butter, ② Jogurt, ③ Buttermilch, ④ Kefir, ⑤ Sahne, ⑥ Quark, ⑦ Trinkmilch, ⑧ Käse

Ohne Milch geht es nicht — Seite 32

① Pudding, Eiskrem, Sahne, Butter, Käse, Quark, Sauerrahm, Gebäck, Pfannkuchen, Milchreis, Schokolade, Sahnebonbons

② Butter, Eiskrem, Gebäck, Käse, Milchreis, Pfannkuchen, Pudding, Quark, Sahne, Sahnebonbons, Sauerrahm, Schokolade

Frischkäse selbst herstellen — Seite 33/34

Lösung: GUTEN APPETIT

Lösungen Mathematik

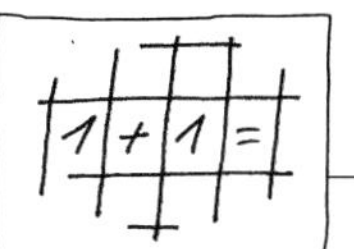

Ausmalbild — Seite 36

16 + 5 = 21
45 – 8 = 37
28 + 7 = 35
52 – 9 = 43
36 + 6 = 42
81 – 8 = 73

17 + 14 = 31
35 – 18 = 17
38 + 17 = 55
63 – 19 = 44
36 + 16 = 52
90 – 18 = 72

26 + 27 = 53
74 – 28 = 46
38 + 29 = 67
62 – 36 = 26
44 + 38 = 82
92 – 47 = 45

26 + 12 + 18 = 56
68 – 17 – 13 = 38
24 + 27 + 23 = 74
100 – 25 + 19 = 94
70 + 26 – 27 = 69

Lösungswort: TRAKTOR

Tag der offenen Tür — Seite 37

① **Rechnung:** 2 € + 50 Cent + 20 Cent = 2 € 70 Cent

Antwort: Alles zusammen kostet 2 € 70 Cent.

② **Rechnung:** 3 € + 60 Cent + 20 Cent = 3 € 80 Cent

Antwort: Robert gibt 3 € 80 Cent aus.

③ **Rechnung:** 60 Cent + 2 € + 2 € = 4 € 60 Cent
5 € – 4 € 60 Cent = 40 Cent
40 Cent = 20 Cent + 20 Cent

Antwort: Das Geld reicht noch für zwei Gläser Frischmilch.

Lösungen Mathematik

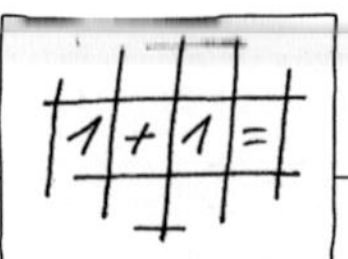

Bauer Schmidts Tiere — Seite 38

a) Bauer Schmidt hat **12** Kühe, **10** Schafe, **3** Pferde, **5** Ziegen, **13** Kaninchen und **8** Schweine.
b) Bei den Tierkindern hat er **1** Fohlen, **4** Lämmer, **6** Kälber und **11** Ferkel.
c) Es sind **2** Kälber mehr als Lämmer.
d) Pferde und Fohlen sind zusammen **4.**
e) Ziegen und Kälber sind genauso viele wie **Ferkel.**
f) Bauer Schmidt hat zwei Schafe weniger als **Kühe.**

Ein Freigehege für die Gänse — Seite 39

① Er braucht 14 Pfosten.
② Herr Mang muss 28 m Zaun kaufen.
③ Die Holzpfosten kosten zusammen 123,20 €.
Der Maschendrahtzaun kostet 408,80 €.
Der Zaun kostet insgesamt 532,00 €.

Viele Beine — Seite 40

①

a)

Anzahl Schafe	Anzahl Gänse	Beine zusammen
5	**12**	44
6	**10**	44
7	**8**	44
8	**6**	44
9	**4**	44
10	**2**	44

b)

Anzahl Schafe	Anzahl Gänse	Anzahl Küken	Beine zusammen
5	**9**	**3**	44
6	**7**	**3**	44
7	**5**	**3**	44
8	**3**	**3**	44
9	**1**	**3**	44

②

	Anzahl Kühe	Anzahl Hühner	Beine zusammen
höchstens	**19**	**1**	**78**
mindestens	**1**	**19**	**42**

20 Tiere haben zusammen höchstens **78** und mindestens **42** Beine.

Hennen brauchen Futter — Seite 41

① **Frage:** Wie viel Futter brauchen die Hennen am Tag?
Rechnung: 12500 · 120 = 1500000 g = 1500 kg
Antwort: Die Hennen brauchen täglich 1500 kg Futter.

② **Rechnung:** 1500 kg: 100 kg = 15
Antwort: Es müssen 15 Säcke bereitgestellt werden.

③ a) **Rechnung:** 15 · 31 € = 465 €
b) **Rechnung:** 465 € · 365 = 169725 €
Antworten: a) Das Futter kostet an einem Tag 465 €.
b) Im Jahr kostet es 169725 €.

Lösungen Mathematik

Wie viele Eier sind übrig? **Seite 42**

(1) **Rechnung:** $10 \cdot 30 = 300$
$25 \cdot 10 = 250$
$12 \cdot 6 = 72$
$300 + 250 + 72 = 622$

Antwort: Der Supermarkt bekommt 622 Eier.

(2) **Rechnung:** $622 - 96 = 526$

Antwort: Es wurden 526 Eier verkauft.

(3) **Rechnung:** $5 \cdot 30 = 150$
$45 + 86 = 131$
$150 - 131 = 19$

Antwort: Am Abend sind 19 Eier übrig.

Wer bin ich? **Seite 43**

(1) $6 \cdot 7 = \mathbf{42}$
(2) $5 \cdot 9 = \mathbf{45}$
(3) $8 \cdot 4 = \mathbf{32}$
(4) $12 \cdot 3 = \mathbf{36}$
(5) $20 \cdot 5 = \mathbf{100}$
(6) $9 \cdot 6 = \mathbf{54}$
(7) $13 \cdot 3 = \mathbf{39}$
(8) $7 \cdot 8 = \mathbf{56}$
(9) $9 \cdot 9 = \mathbf{81}$
(10) $15 \cdot 4 = \mathbf{60}$
(11) $3 \cdot 7 = \mathbf{21}$
(12) $45 : 9 = \mathbf{5}$
(13) $120 : 6 = \mathbf{20}$
(14) $42 : 7 = \mathbf{6}$
(15) $35 : 5 = \mathbf{7}$
(16) $72 : 8 = \mathbf{9}$
(17) $28 : 7 = \mathbf{4}$
(18) $32 : 4 = \mathbf{8}$
(19) $48 : 2 = \mathbf{24}$
(20) $60 : 5 = \mathbf{12}$
(21) $52 : 2 = \mathbf{26}$
(22) $24 : 8 = \mathbf{3}$
(23) $(26 \cdot 2) + 25 = \mathbf{77}$
(24) $(3 \cdot 8) + 17 = \mathbf{41}$
(25) $(6 \cdot 9) - 29 = \mathbf{25}$
(26) $(7 \cdot 4) - 11 = \mathbf{17}$
(27) $(56 : 7) + 25 = \mathbf{33}$
(28) $(42 : 6) + 23 = \mathbf{30}$
(29) $(15 \cdot 3) + \mathbf{55} = 100$
(30) $(16 : 2) + \mathbf{43} = 51$
(31) $(9 \cdot 9) - \mathbf{31} = 50$
(32) $(54 : 9) + \mathbf{48} = 54$

Lösungen Sachunterricht

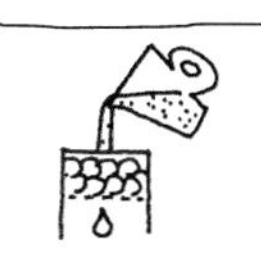

Bauernhöfe früher und heute **Seite 44**

	Bauernhof früher	**Bauernhof heute**
Größe	kleine Familienbetriebe	große Höfe mit Angestellten
Gebäude	Wohnräume, Ställe und Scheune unter einem Dach	mehrere Gebäude: Wohnhaus, Ställe, Scheunen, Futtersilos, …
Tiere	wenige Tiere von mehreren Arten	viele Tiere von einer Art
Produkte	erzeugte alles, was die Familie für ihre Ernährung brauchte	erzeugt große Mengen, z. B. an Fleisch, Milch, …
Verarbeitung der Produkte	Die Erzeugnisse wurden auf dem Hof zu Käse, Wurst, … weiterverarbeitet.	Die Erzeugnisse werden zur Weiterverarbeitung an Molkereien, Schlachtereien, … verkauft.

Lösungen Sachunterricht

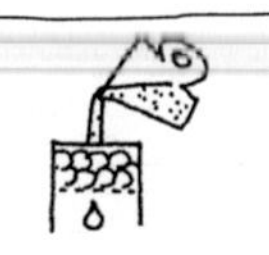

Ferien auf dem Bauernhof Seite 45

② Die Eier im Hühnerstall einsammeln.

Die Kühe auf die Weide bringen.

Auf dem Pony reiten.

Mit dem Bauern auf das Feld fahren.

Die Hühner füttern.

Im Heu schlafen.

Bei der Ernte helfen.

Aufbau einer Getreidepflanze Seite 47

① Ähre
② Halm
③ Granne
④ Korn
⑤ Laubblatt
⑥ Knoten
⑦ Wurzel

Getreideanbau und Ernte früher Seite 48/49

Der Ackerboden wird mit dem Pflug aufgebrochen und umgewendet.

Die groben Erdschollen werden mit der Egge zerkrümelt.

Der Bauer sät die Getreidekörner aus.

Der Bauer mäht das reife Getreide mit der Sense.

Das geschnittene Getreide wird zu Garben gebündelt.

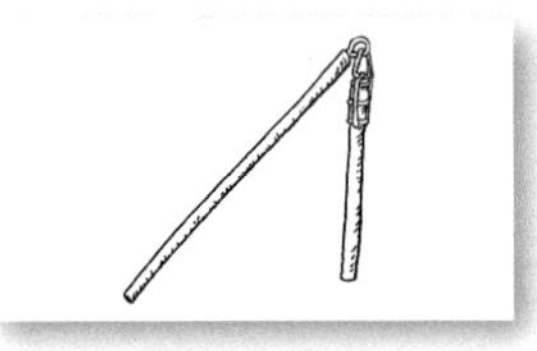

Das Getreide wird mit dem Dreschflegel gedroschen.

Getreideanbau und Ernte heute Seite 50/51

Lösung: Die wichtigste Maschine bei der Getreideernte ist der **MÄHDRESCHER.**

Das Getreidekorn unter der Lupe Seite 52

② Die **SCHALE** schützt das Korn.
Aus dem **KEIMLING** entwickelt sich eine neue Pflanze.
Aus dem **MEHLKÖRPER** entsteht beim Mahlen das Mehl.

Aus Korn wird Brot Seite 54

① Der Bauer pflügt das Feld.
② Dann sät der Bauer das Getreide.
③ Im Sommer wird das Getreide geerntet.
④ In der Mühle mahlt der Müller die Körner zu Mehl.
⑤ Der Bäcker knetet aus Mehl, Salz, Wasser und Hefe den Brotteig.
⑥ Wenn das Brot gebacken ist, kannst du es kaufen und essen.

Lösungen Sachunterricht

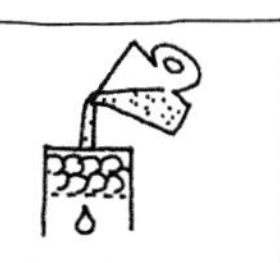

Die List des Königs Seite 58

① **C** Der König ließ Kartoffeln anbauen und die Felder streng bewachen.

Wie die Kartoffelpflanze aufgebaut ist Seite 59

① Blüte
② Laubblatt
③ Mutterknolle
④ giftige Beeren
⑤ Stängel
⑥ Wurzeln
⑦ Tochterknollen

Die Entwicklung der Kartoffelpflanze Seite 60

1
Die Pflanzkartoffel wird im Frühling in die Erde gesetzt. Aus den „Augen" dieser **Mutterknolle** wachsen bald kleine Keime.

2
Einige Keime wachsen aus der Erde heraus. Aus ihnen entwickeln sich der **Stängel** und die **Laubblätter** der Pflanze.

3
Aus den unterirdischen Keimen entstehen Wurzeln und Ausläufer. Am Ende der **Ausläufer** wachsen neue Knollen, die **Tochterknollen.**

Damit viele Ausläufer wachsen, muss die Erde rund um die Pflanze immer wieder mit Erde bedeckt werden. Man nennt das „anhäufeln".

4
Die Mutterknolle versorgt die junge Pflanze mit allen Nährstoffen, die sie zum Wachsen braucht. Dabei schrumpft die Mutterknolle.

Im Sommer bildet die Pflanze **Blüten**. Daraus entstehen grüne Beeren. In den **Beeren** befinden sich Samen, aus denen neue Kartoffelpflanzen wachsen können. Die Beeren und alle anderen grünen Teile der Pflanze sind giftig.

5
Im Herbst verdorrt die Kartoffelpflanze. Nun sind die **essbaren Knollen** reif und können geerntet werden.

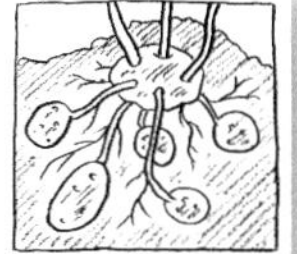

Wie kommt der Zucker in die Rübe? Seite 61

① ① Rübenblätter
② Rübenschwanz
③ Blätter
④ Rübenkörper

② a) Die Pflanze braucht Sonnenenergie.
b) Gelöster Zucker entsteht in den Blättern.
c) Der Zucker wird im Rübenkörper gespeichert.

Lösungen Sachunterricht

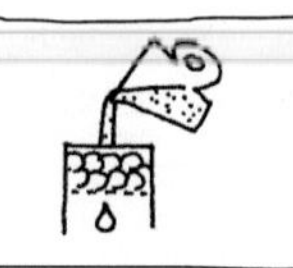

Hahn oder Henne? Seite 64

① lange gebogene Schwanzfedern
② spitzer Sporn
③ großer, roter Kamm
④ harter, spitzer Schnabel
⑤ Kehllappen
⑥ vier Zehen
⑦ kleiner Kamm
⑧ kurze Schwanzfedern

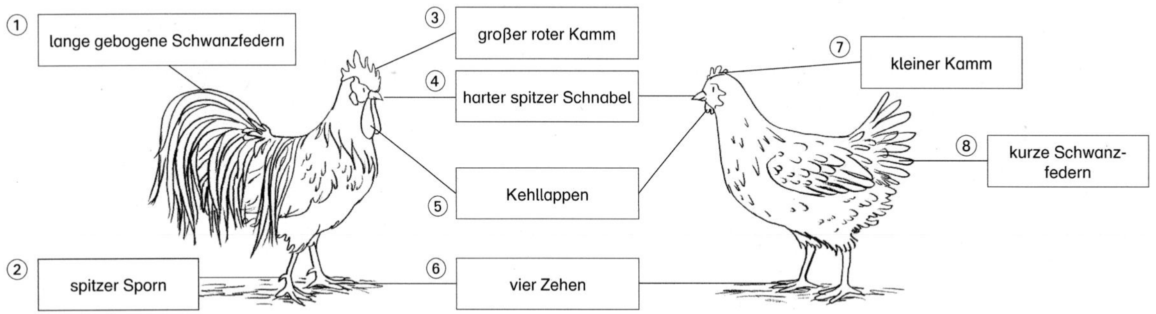

Können Hühner fliegen? Seite 65

Lösungswort: K I K E R I K I

Eier – Eier – Eier Seite 66

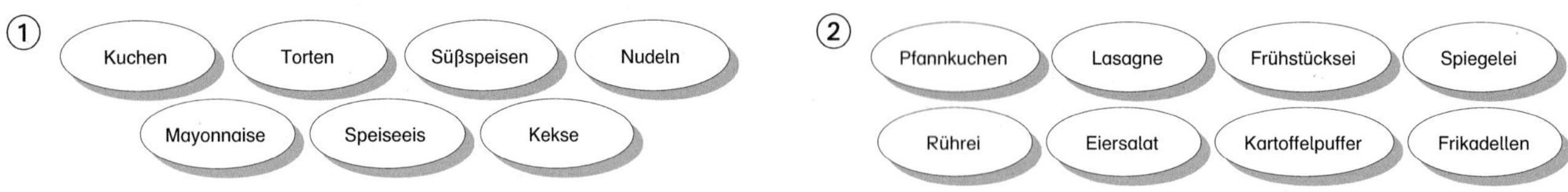

Das Rind – ein Nutztier Seite 68

② Rinder liefern: Häute, Fleisch, Felle, Milch.

Vom Kuhstall in den Kühlschrank Seite 69

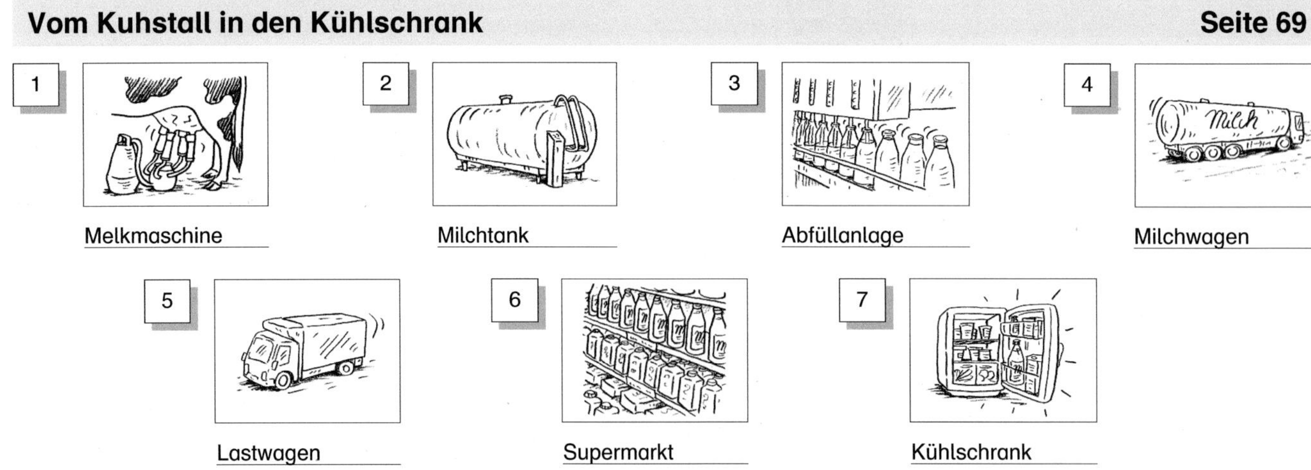

Lösungen Sachunterricht

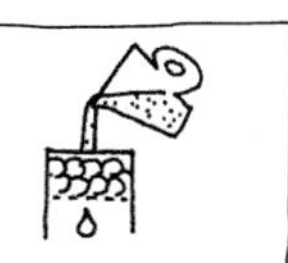

Schweine-Experte werden — Seite 72

① ① kleine Augen ② Nasenlöcher ③ Rüsselplatte ④ spitze Ohren ⑤ Ringelschwanz ⑥ kurze Beine

③ Wie viele Ferkel kann eine Sau in einem Wurf bekommen?
Wie oft kann das in einem Jahr geschehen?
Wie lange dauert es, bis die Ferkel geboren werden?
Wie lange werden die Ferkel von der Muttersau gesäugt?

3 Monate, 3 Wochen und 3 Tage
3 Wochen
14
zweimal

④ **Lösungswort:** GELATINE

Kennst du dich mit Schafen aus? — Seite 72

Lösung: LANDSCHAFTSPFLEGER

Woher die Wolle kommt — Seite 73

②

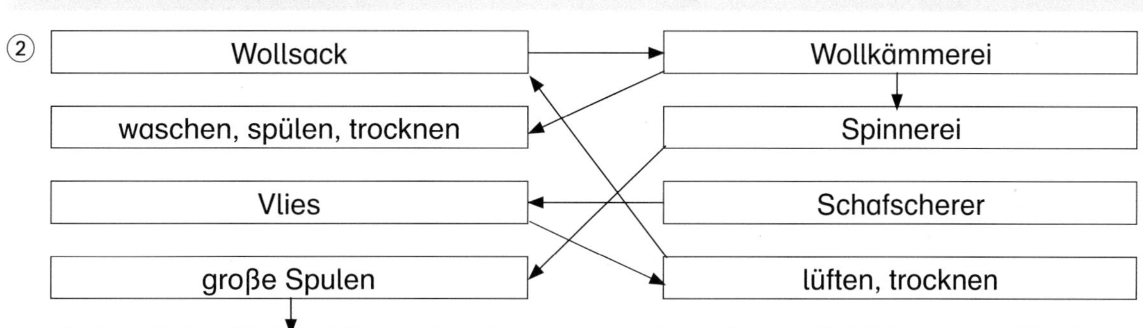

Gefräßige Ziegen — Seite 74

Ziegenmännchen heißen **Bock,** Weibchen nennt man **Ziege** oder **Geiß.** Junge Ziegen sind **Zicklein** oder **Geißlein.**

Ziegen können 15 **Jahre** alt werden und wiegen ausgewachsen etwa 80 kg. Alle Ziegen tragen **Hörner.** Manchmal werden diese nach der Geburt entfernt, damit sich die Tiere in der **Herde** nicht verletzen. Das kurze **Schwänzchen** steht bei Ziegen aufrecht.

Ziegen sind sehr gefräßig. Sie vertilgen Blätter, Gemüse, Kräuter, Gras, Brennnesseln und sogar Disteln. Damit sie nicht alles kahlfressen, werden sie meist **angebunden.** Weil die Tiere sehr gut **klettern,** können sie auch in bergigen Gebieten leben.

Eine Ziege gibt im Jahr etwa 600 l **Milch,** die meist zu **Käse** verarbeitet wird. Außerdem nutzen wir das **Fleisch** und das Leder.

Es gibt auch Ziegen, die wegen ihrer Haare gezüchtet werden: Angoraziegen und Kaschmirziegen. Ihre **Wolle** ist besonders fein. Daraus werden Teppiche, **Decken,** Garne und **Stoffe** hergestellt.

Lösungen Englisch

Farmer Tom — Seite 75

① 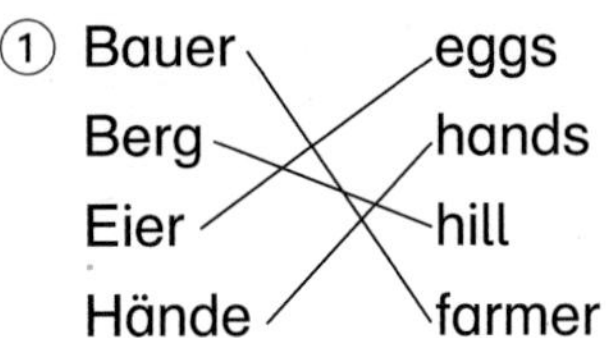

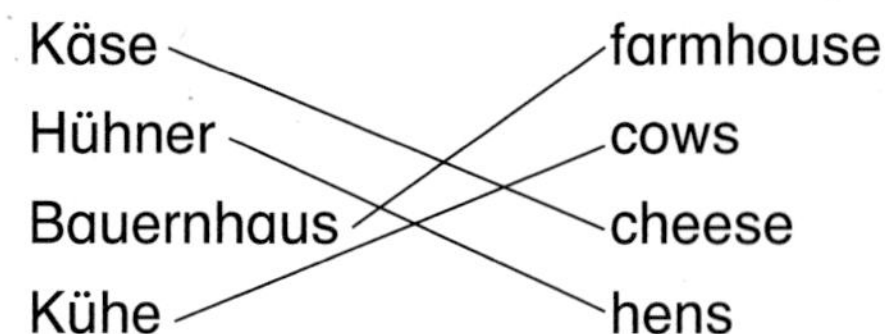

② Tom is an old **farmer.** He lives with his wife in an old farmhouse on the **hill.** They have got four **cows** and ten **hens.** Every morning the farmer's wife milks the cows with her **hands.** She makes **cheese** out of the milk. Tom takes the cows to the willow.

Then he feeds the hens and collects their **eggs.**

Every Friday morning Tom and his wife go down the hill to the next village. They sell **cheese** and **eggs** on the market. In the evening they go back to their **farmhouse.**

Different farm animals — Seite 76

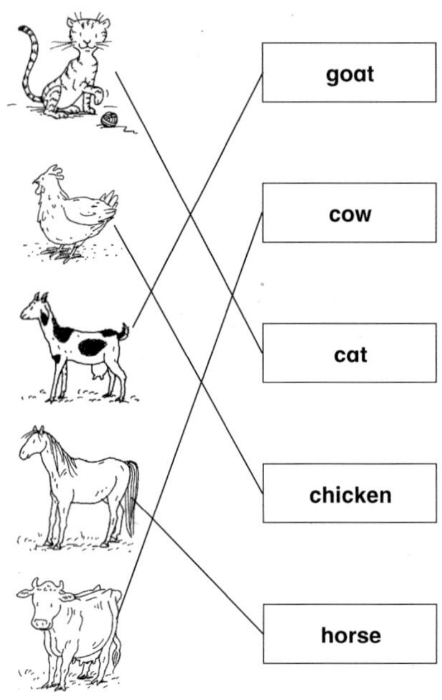

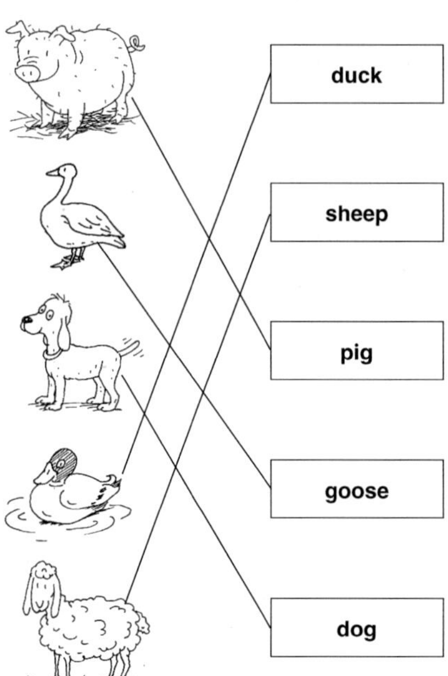

Bildverzeichnis

Illustrationen

Barbara Gerth sowie Marion El-Khalafawi (*Brot*) und Oliver Wetterauer (*Traktor*)

Fotos

© Margit Rex sowie *Mähdrescher und Traktor* (© Fotolia.com_89579937_Wolfgang Jargstorff)

Stroh einfahren (© Fotolia.com_40176779_Michael Fritzen)

Getreideanbau (© Fotolia.com_101973272_countrypixel)

Traktor mit Güllefass (© Fotolia.com_81640299_ Wolfgang Jargstorff)

Traktor mit Düngerstreuer (© Fotolia.com_81439451_ Wolfgang Jargstorff)

Ackerschlepper (© Fotolia.com_73008815_countrypixel)

Traktor auf Acker (© Fotolia.com_105983806_Dusan Kostic)

Kuhtransport (© Fotolia.com_1666646_Jana Horti)

Kühe (© Fotolia.com_95600429_refresh(PIX))

Schafe scheren (© Fotolia.com_80686542_mp_images)

Schafe und Lämmer (© Fotolia.com_71019810_heebyj)

Fladenbrot (© Fotolia.com_83194864_Daniel Berkmann)

Kalb (© Fotolia.com_82734387_DutchScenery)